공 부 에
미   친
사 람 들

공부에 미친 사람들

김병완 지음

급 이 다 른 공 부 의 길

다산
북스

서
문

끝까지 공부하는 힘은
오직 즐기는 것뿐이다

한나라 무제武帝 때의 일이다. 어느 작은 현에서 죄수를 감시하는 벼슬에 있던 한 남자가 불미스러운 일로 파면을 당하고는 고향 집으로 돌아간다. 남자의 이름은 공손홍公孫弘으로, 당시 나이는 마흔이었다. 당장 생계가 막막해진 공손홍은 고향 마을 바닷가에서 돼지를 기르며 하루하루 삶을 연명해나간다. 하지만 그는 자신의 삶이 더러운 돼지우리와 같은 현실에 머무르지 않으리라 확신했다. 공손홍은 한 손으로는 돼지의 오물을 치우면서도 나머지 한 손으로는 책 읽기를 멈추지 않았다. 이때 그가 읽었던 책은 고전 역사서 『춘추공양전春秋公羊傳』으로, 그는 무려 20여 년간 이 책을 반복해서 읽었다. 비록 그는 관직에서 불명예스럽게 물러났으나, 배움에 대한 열망은 쉽사리 꺼뜨리지 않았다. 그렇게 공부를 이어간 덕분에 공손홍은 다시 무제의 신임을 얻어 26년 만에 승상의 자리에 오르게 되었다. 그때 그의 나이 여든이었다.

안정된 삶에서 한순간 미천한 삶으로 전락했던 그의 삶이 다시 특별해질 수 있었던 계기는 무엇이었을까? 그리고 그가 그토록 오랜 시간 동안 속세를 등진 채 공부할 수 있었던 원동력은 어디에 있었을까? 무엇이 그를 맹렬히 공부에 몰두하게 만든 것일까?

이쯤에서 나의 이야기를 털어놓고자 한다. 나는 2008년 12월에 직장을 그만두고 본격적으로 공부를 시작했다. 그로부터 정확히 10년 뒤 이 책 『공부에 미친 사람들』을 펴내게 되었다. 지난 10년 간 직장도 없이 홀로 수천 권의 책을 읽고 수십 권의 책을 출간하며 공부를 이어온 셈이다. 나는 왜 아무런 보상도 바라지 않고 오로지 공부에만 전념했던 것일까? 어떻게 공부를 평생 해나가겠다고 당당히 다짐할 수 있었을까?

나는 사회적으로 내세울 만한 학벌이나 지위가 없다. 공부의 내공과 이력 역시 이 책에 등장하는 엄청난 거장들 앞에서 명함을 내밀기 부끄러운 수준이다. 이렇게 책을 읽고 글을 쓴다고 해서 자격증이 나오는 것도 아니고, 돈을 많이 벌 수 있는 것도 아니다. 어떻게 보면 쓸모없는 잡학 지식만 꾸역꾸역 쌓아온 것일지도 모른다. 하지만 이런 나에게는 공손홍과 같이 '공부를 지속할 수 있었던 한 가지 원동력'이 있었다. 바로 '공부하는 기쁨'이었다. 공부를 하며 새로운 사실을 깨닫고 세상의 이치를 이해할 때 돈이나 명예를 얻을 때와는 비교조차 불가능한 엄청난 만족감과 희열을 느꼈다. 이 온전한 공부의 기쁨이 나를 10년간 행복한 공부의 길로 이끌었고, 나락으로 떨어졌던 공손홍을 승상의 자리에까지 올려준 셈이다.

최근에 나온 공부와 관련한 책들을 살펴보면, 공손홍과 내가 느꼈던 '공부의 기쁨'에 대해 논하는 책을 찾기가 어렵다. 단기간에 성적을 올리는 방법이나 시험에 합격하는 비법, 맹목적으로 공부의 신이 되는 경지에 대해 떠벌리는 책만 보일 뿐 정작 공부의 본질적 목적이라 할 수 있는 '공부의 기쁨'을 다루는 책은 없다. 물론 실용적인 공부법을 알려주는 책도 공부하는 사람들에게는 큰 도움이 된다. 그러나 이런 종류의 책은 공부를 열심히 할 수 있도록 도울 수는 있지만 '자발적으로', '오래', '꾸준히' 공부를 즐기도록 만들지는 못한다. 그런데 왜 이런 책들이 유행하게 된 걸까? 어쩌다 사람들은 이런 책들을 보며 공부를 '오해'하게 되었을까?

이런 의문에서부터 이 책은 시작되었다. 그 어떤 나라 사람들보다도 열심히 공부하는 대한민국 국민들이 공부를 즐기지 못하고, 더군다나 잘하지도 못한다는 문제의식이 이 책을 세상에 내놓게 만들었다. 핀란드 학생들보다 평균 세 배나 더 많은 시간을 학교에서 보내고, 일본보다 두 배가량 더 긴 시간을 공부하면서도 우리의 학생들이 매 순간 그들보다 더 뛰어난 성취를 보이는 것은 아니다. 무엇보다도 가계에 부담이 될 만한 엄청난 돈을 공부에 투자하면서도 학문적 영역에서 노벨상 수상자조차 배출해내지 못하는 실정이다.

그래서 우리는 세상이 제시하는 수많은 공부법의 본질을 살펴볼 필요가 있다. 공부란 인류의 총체적인 활동이며 그 성과물이다. 그렇기 때문에 특정한 한두 가지 측면만을 부각시킨 공부법을 올바르다고 생각하거나, 완벽한 공부법으로 오인해서는 안 된다. 우리 사회가 제시하는 수많은 공부법이 일시적으로 공부에 취미를 붙일 수 있게 해주고 당장 성적을 향상시킬 수 있도록 도와줄지는 모르겠으나, 배움에 대한 근원적인 동기를 부여해주지는 못한다. 그것이 세상 공부의 한계다.

이 책을 통해 동서고금을 통틀어 '공부에 미친 사람들'의 전반적인 삶과 사상을 이해하고, 그들을 끝까지 공부하게 만든 강렬한 동기와 힘을 파헤치고자 했다. 결국 그들을 끝까지 공부하게 만든 힘은 오직 '즐기는 것'뿐이었다.

이 책을 쓰기 위해 인문학, 역사학, 철학, 사회학, 심리학, 뇌과학 등 온갖 학문의 경계를 넘나들며 수많은 책을 섭렵했다. 공자와 주자, 왕양명 등 고대 동양의 사상가들부터 정약용, 박지원, 최한기와 같은 조선의 지식인들을 거쳐 알베르트 아인슈타인, 리처드 파인먼 등 현대 과학을 일으킨 천재들에 이르기까지 동서양의 지성들이 걸어온 공부의 길을 되짚으며 그들을 움직이게 한 위대한 공부 정신을 담아냈다. 과연 어떤 방법으로 공부하는 것이 가장 효율적인지 전문가들의 논문과 연구 결과를 정리했다. 그 결과, 단기적인 목표 달성과 반복적인 학습법만으로는 공부의 본질적 목적을 이룰 수 없다는 사실을 확실히 깨닫게 되었다.

1부 '공부의 기쁨에 미친 사람들'에서는 자신을 수양하고 남을 돌아보는 공부를 통해 시대를 개혁하고 학문적 진보를 이끈 동서양 사상가들의 공부 철학과 함께, 위대한 발견으로 노벨상을 수상한 천재들의 공부법, 자신이 배우고 익힌 것을 세상에 널리 알린 공부의 거장들을 살펴볼 것이다. 이와 함께 우리보다 이미 한참을 앞서가고 있는 세계 최강 공부 민족들의 공부법을 통해 우리의 공부가 나아가야 할 방향을 짚어볼 것이다.

2부 '우리도 기쁘게 공부할 수 있을까'에서는 1부에서 다룬 공부 거장들처럼 우리 역시 제대로 된 공부를 통해 기쁨을 누릴 수 있음을 확인하고, 공부로 얻을 수 있는 다양한 이득에 대해 살펴볼 것이다. 무엇보다도 우리의 공부를 방해하는 각종 고정관념과 선입관을 하나씩 살펴보며, 공부가 결코 특정한 사람들에게만 부여된 혜택이 아님을 증명해볼 것이다.

3부 '급이 다른 공부를 완성하는 뇌의 비밀'에서는 왜 어떤 사람은 더 많은 시간을 공부에 투자하지만 번번이 실패하고, 또 어떤 사람은 적은 시간으로도 효율적인 공부를 하는지, 최신 뇌과학의 관점으로 그 비밀을 파헤칠 것이다. 또한 수면량과 운동량, 그날의 감정이나 기분 등 다양한 요소에 민감하게 반응하는 뇌의 작동 원리를 이해하고, 그러한 뇌의 특성을 제대로 활용하는 최적의 공부법을 함께 알아볼 것이다.

공부 공화국 대한민국을 살아가는 우리에게 공부란 여전히 지겹고 어려우며 막막한 것으로 느껴진다. 하지만 이 책을 통해 많은 사람이 인류 지성사에 커다란 영향을 미친 위대한 공부 천재들의 삶을 간접 체험함으로써 공부의 참된 기쁨을 느끼고, 자신에게 맞는 최적의 학습법을 찾아낼 수 있으리라 확신한다. 비단 공부를 업으로 삼는 학생뿐만 아니라, 자기계발에 힘쓰는 직장인들, 나이가 들어도 배움의 열정을 이어가고 싶은 중장년층에게도 이 책은 큰 도움이 될 것이다. 부디 이 책을 통해 삶을 바꾸는 새로운 공부, 기쁨으로 가득 찬 공부를 시작하기 바란다.

2019년 1월
김병완

2부 우리도 기쁘게 공부할 수 있을까

5장

공부하는 사람만이 누리는 6가지 이득

6장

공부를 방해하는 고정관념과 선입관

3부 급이 다른 공부를
완성하는
뇌의 비밀

공부의
기쁨에
미친 사람들

자신을 수양하는 깊은 공부를 통해 시대를 개혁하고 학문의 진보를 이끈 동서양 사상가들. 그들을 깨달음의 경지로 이끈 공부 원동력은 무엇이었을까? 평범한 삶 속에서도 이치를 탐구하고 스스로 무르익어간 옛 사상가들의 공부법을 들여다보면 오늘날 우리가 갖춰야 할 참된 공부의 자세를 배울 수 있다.

1장

공부로 자기만의 세계를 구축한 사상가들

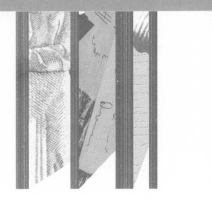

배움이 없는 삶은 위태롭다

공자(기원전 551~479년)

맹자(기원전 372~289년)

진정한 공부란
자신이 얼마나 모르는지를 아는 것이다.

• 논어

　공자孔子와 맹자孟子, 이 두 명의 사상가를 빼놓고 동양의 공부를
이야기할 수 있을까? 공자는 기원전 551년, 중국 고대의 변혁기인
춘추시대에 태어났다. 약육강식의 정복 전쟁으로 여러 제후국이
흥망을 거듭하던 어지럽고 불안한 시대였다.

　가난한 하급 무사 집안의 아들이었던 공자는 스무 살 무렵부터
어느 귀족 가문의 창고지기와 축사지기로 일했다. 그러면서도 끊
임없이 주나라의 예법과 행정, 법규를 공부하는 등 배움을 손에서
놓지 않았다. 출신이 미천하고 가난했던 젊은이가 이토록 시공을
초월하는 공부의 대가로 성장하게 된 계기는 무엇이었을까?

공자에게 공부는 '인생의 즐거움' 그 자체였다. 공자의 말을 묶은 책 『논어論語』의 「옹야雍也」 편에는 다음과 같은 구절이 나온다.

지식을 아는 자는 그것을 좋아하는 자보다 못하고,
지식을 좋아하는 자는 그것을 즐기는 자보다 못하다.

공자의 눈에는 모르는 것을 깨닫고 앎의 영역을 확장해나가는 일, 즉 '공부'가 세상 그 무엇과도 바꿀 수 없는 최고의 즐거움이자 기쁨이었다.

공자는 나이가 많다는 이유로 배우기를 부끄러워하거나 체면 때문에 질문하기를 두려워하는 사람들에게도 귀감이 될 만한 말을 남겼다. 『논어』의 「학이學而」 편에 나오는 '불치하문不恥下問'이라는 말로, '자신보다 어리거나 낮은 사람에게 묻는 것을 부끄럽게 여기지 않는 태도'를 뜻한다.

실제로 공자가 어떤 이로부터 진귀한 구슬 하나를 얻었는데, 그 구슬에는 구멍이 아홉 번이나 돌아가는 굽이가 있어서 실을 꿰기가 어려웠다. 한참을 고민하던 공자는 옆에서 뽕잎을 따던 아낙에게 어떻게 하면 실을 꿸 수 있는지를 물었고, 그녀가 알려준 대로 구멍 한쪽에 꿀을 묻히고 허리에 실을 묶은 개미를 반대쪽 구멍으로 통과시켜 문제를 해결할 수 있었다. 당대 최고의 학식을 지닌 지식인이었음에도 누군가에게 묻고 구하기를 두려워하지 않았던 공자의 태도와 자세가 그를 동양 사상의 근간을 구축한 '공부의 거인'으로 만들었다.

지식을 쌓고 지혜가 깊어지는 이른바 '공부의 참된 기쁨'을 맛본 사람들은 공자처럼 남의 시선이나 평가 따위에 크게 관심을 두지 않는다. 오히려 많이 배울수록 머리를 숙이고, 높이 올라갈수록 자신을 낮춘다. 타인의 평가로부터 스스로를 해방시키고, 오로지 배우고 익히는 즐거움에 몰입하며, 더 많이 알아갈수록 겸손해진다. 지위가 올라갈수록 거만해지고, 경쟁에서 남을 이기려고만 애쓰는 현대인들에게 이러한 공자의 가르침은 우리의 공부 자세를 되돌아보게 만드는 힘이 있다.

공자는 끊임없이 배우고 익히는 공부를 '가장 수준 높은 삶의 모습'이라고 정의했다. 그리고 이러한 공부를 평생 즐겁게 해야 한다고 가르쳤다. 『논어』의 첫머리는 이렇게 시작한다.

배우고 때로 익히면 또한 기쁘지 아니한가?
벗이 있어 먼 곳에서 찾아오면 어찌 즐겁지 아니한가?

남이 나를 알아주지 않아도 성내지 않으면
군자가 아니겠는가?

군자의 세 가지 즐거움을 표현한 '군자삼락君子三樂' 중에서도 공
자는 '새로운 지식을 탐구하고 익히는 일'을 가장 첫 번째이자 최
고의 기쁨으로 꼽았다.

『논어』의 「술이述而」 편에는 공자 스스로가 자신을 어떤 사람이
라고 생각했는지에 관한 구절이 나온다.

지식을 탐구하는 기쁨에 배고픔을 잊고
지식을 얻는 기쁨에 근심을 잊어
늙는 것조차 깨닫지 못한 자

공자는 스스로를 위대한 학자로 여기지 않았다. 다만 공부의 기
쁨에 미쳐, 늙는 것조차 깨닫지 못한 학생으로 여겼다.

물론 공부가 단순한 쾌락이나 즐거움만을 위한 수단이 되어서
는 안 된다. 공자 역시 이를 강하게 경계했다. 궁극적으로 공자에게
'공부'라는 활동은 인간으로서 가져야 하는 어진 마음, 즉 '인仁'을
형성하는 실천의 과정이었다. 그리고 이러한 마음가짐이 지향하는

바는 어디까지나 스스로의 만족이지, 나를 바라보는 타인의 시선이나 평가가 되어서는 안 된다고 강조했다.

> 군자가 널리 배우고 그것을 예에 입각해 요약한다면
> 도에 어긋나지 않을 것이다.
> 도에 뜻을 두고 덕을 굳게 지키며
> 인에 의지하고 예를 즐겨야 한다.

즉, 공자에게 공부란 새로운 세상을 발견하고 익히는 기쁨인 동시에 인간다운 사람이 되는 예禮의 실천, 그리고 인의 실천까지도 모두 포함하는 활동이었다.

공자는 남에게 보여주기 위한 공부가 아닌, 자기 자신의 즐거움을 완성하고 주체적인 삶을 이루어나가는 공부를 지향했다. 그리고 이를 '위기지학爲己之學'이라고 표현했다. 남에게 허세를 떨며 자랑하기 위한 공부는 절대로 즐겁지 않고, 그러므로 오래갈 수 없다는 사실을 일찍이 공자는 알고 있었다.

남이 억지로 시켜서 하는 공부나 오로지 성공만을 목표로 하는 공부는 온전히 나를 성장시킬 수 없다. 이를 강조한 대목이 『논어』의 「자한子罕」편에 나오는 다음 구절이다.

학문을 하는 것은 산을 만드는 일과 같다.

마지막 흙 한 삼태기를 붓지 않아

산을 이루지 못하더라도

그 멈춤은 내가 멈춘 것이며,

평지에 흙 한 삼태기를 부어도

그 나아감은 내가 나아가는 것이다.

　공자의 사상을 현실 정치에 본격적으로 적용하고자 노력했던 맹자 역시 일찍부터 공부의 즐거움에 눈을 떴다. 맹자의 눈에 비친 공부는 무엇이었을까? 한마디로 그에게 공부는 '누군가를 가르치고 변화시키는 기쁨'이었다.

　맹자 역시 『맹자孟子』의 「진심盡心」편에서 군자의 세 가지 즐거움을 이야기했는데, 이것이 맹자가 평생 따르고 지킨 공부의 태도와 철학을 잘 설명해준다.

　　부모가 살아 계시고 형제가 무고한 것이 첫 번째 즐거움이요,

　　하늘과 사람에게 부끄러울 것이 없는 게 둘째다.

　　그리고 천하의 영재를 얻어 가르치는 것이

　　마지막 즐거움이다.

맹자는 그릇된 인습에 젖은 백성의 무지를 깨닫고, 시대를 개혁하는 데에 일생을 바친 혁명가였다. 그래서 그는 '측은지심惻隱之心 (남을 불쌍하게 여기는 착한 마음)', '수오지심羞惡之心(자신의 잘못을 부끄러워하고 남의 잘못을 미워하는 마음)', '시비지심是非之心(옳고 그름을 가릴 줄 아는 마음)', '사양지심辭讓之心(겸손하여 사양할 줄 아는 마음)'을 가리키는 인간의 네 가지 도덕적 본성인 '사단四端'과 함께 '인', '의義', '예', '지智'와 같은 인간의 네 가지 덕을 널리 알리고 가르쳤다.

맹자는 어머니의 삼천지교三遷之敎를 통해 공부를 온전히 즐길 수 있는 환경의 혜택을 누렸고, 자연스럽게 가르침의 중요성에 대해 체득할 수 있었다. 혼란스러운 중국의 춘추전국시대에서 공부할 마음을 단단히 뿌리내리고, 한계를 극복하며, 인간답게 살아가기 위해서는 바른 가르침을 통한 인의의 실천이 이루어져야 함을 역설했다. 맹자에게 공부란 사람이 사람의 도리를 다하며 살아가기 위한 인격 수양의 토대였다.

약 2500년이라는 시간이 흘렀음에도 지금껏 많은 사람이 공자와 맹자를 존경하는 이유는 그들이 쌓은 학식의 양이 방대해서가 아니다. 공부를 통해 그들이 참된 삶의 모습, 즉 '인간다움'을 실천하는 모습을 보여주었기 때문이다.

얼마나 많이 배우고 알고 있느냐보다 더욱 중요한 것은 내가 공부한 것이 과연 내 삶에 얼마나 깊게 뿌리내려 있고, 행동으로 나타나며 완성되었느냐다. 단순히 배운 게 많다고 하여 혹은 학벌이 높다고 하여 우리는 그 사람을 우러러보지 않는다. 역경과 고난 속에서도 인간다운 삶을 살아가고 누군가에게 인생의 본보기가 될 때 진정으로 존경을 받게 되는 것이다. 공자와 맹자의 삶은 지행합일知行合一의 표본이자 오늘날 우리가 본받아야 할 공부의 자세다.

욕심에 휘둘리지 말고 본질을 보라

노자(미상~미상)

장자(기원전 369~286년)

> 남을 아는 자는 지혜롭고
> 스스로를 아는 자는 명철하다.
>
> • 도덕경

  도가를 창시한 노자老子의 삶은 온통 수수께끼로 가득 차 있다. 본명은 '이이李耳'라고 불리기도 하고 '이중이李重耳'라고 불리기도 한다. 그의 행적을 기록한 사료가 매우 부족하기 때문에 그가 구체적으로 어떤 공부를 했는지, 그가 공부를 통해 무엇을 깨달았는지는 명쾌하게 파악할 수 없다. 다만 그가 남겼다고 알려진 『도덕경道德經』 상편의 한 구절을 통해 그의 공부 철학을 유추할 수 있다.

  항상 욕심이 없으면 그 묘함을 보고,

  항상 욕심이 있으면 그 가장자리만 본다.

노자는 공부를 사사로운 욕심을 채우기 위한 수단으로 생각하면 그 속에 숨겨진 참된 이치와 핵심을 제대로 깨우치지 못한 채 겉만 훑게 된다고 말했다. 즉, 자신의 목적을 채우기 위해 욕심을 가지고 세상을 바라보면 단지 껍데기 현상만 볼 뿐이고, 마음을 비운 채 바라보면 전에 보이지 않던 참된 이치를 깨우칠 수 있다는 뜻이다.

이러한 노자의 공부 철학을 보여주는 말은 『도덕경』에서 꽤나 여러 번 언급된다. 『도덕경』 상편 제1장에는 다음과 같은 의미심장한 구절이 나온다.

> 도道를 도라고 말하면 그것은 늘 도가 아니며,
> 이름할 수 있는 이름은 늘 그러한 이름이 아니다.

모든 사물과 이치에 이름을 붙이면, 이미 그 순간 변질되어 한결 같던 그 무엇이 사라진다는 뜻이다. 여기서 노자가 말하는 '이름한다'는 말의 의미는 무엇일까? 바로 인간에 의해 인위적인 무언가가 첨가된다는 뜻이다. 인위적인 욕심, 거짓된 행동, 계산된 과장 등이 더해지는 순간 사물과 이치의 본래 의미는 퇴색되며 변질되고 만다.

이러한 의미에서 노자는 '도'를 '무위無爲(도가의 중심 사상으로 자연에 따라 인위를 가하지 않는 것)'라는 원리로 설명하고자 했다. 인간의 욕심이나 지식이 오히려 세상을 혼란스럽게 만든다는 뜻으로, 억지 행동을 벗어던지고 물 흐르듯 자연스럽게 살아가야 함을 강조했다.

노자의 사상을 되새겨보면, 공부란 무언가를 소유하고 쟁취하는 데에 필요한 수단이 아니다. 성공이나 출세, 명예와 같은 계산된 결과를 이루기 위해 공부를 수단으로 삼지 말아야 한다는 말이다. 그럴 때 비로소 욕심을 버리지 못한 채 공부하는 사람들은 결코 보지 못하는 참된 이치에 눈뜰 수 있다.

노자는 또한 이런 말을 남기기도 했다.

> 아는 사람은 말하지 않고
> 말하는 사람은 알지 못한다.

공부를 비롯한 모든 사물의 이치에 대해 안다고 말하는 것은 진정 제대로 아는 게 아님을 역설한 말이다. 공부를 하면 할수록 겸손하게 자신의 학식과 앎의 깊이를 내면에 잘 간직하고 있어야 한다. 아는 체하기에 급급한 사람일수록 실상은 아는 것이 없는 경우가 더 많다. 빈 수레가 요란하고, 얕은 개울일수록 소리가 더 크다고 하지 않던가?

노자를 계승해 도가를 더욱 발전시킨 장자莊子 역시 욕심을 버리는 공부의 자세에 대해 수차례 언급했다.

> 귀로 듣지 말고 마음으로 들어라.
> 너무 재주가 많은 자는 수고가 많고
> 너무 영리한 자는 쓸데없는 걱정으로 고생이 많다.
> 유한한 목숨으로 어찌 무한한 욕심을 따르려 하는가?

장자는 헛된 욕심을 버리고 본성에 따라 사는 분수의 윤리를 중요하게 여겼다. 그리고 우리가 타고난 본분을 잃을 때 고통과 비극이 찾아온다고 이야기했다. 장자의 이러한 견해를 현대식으로 보면, 사람들은 제각각 능력이 다른데 공부에 취미가 없는 아이를 억지로 공부시키려고 하면 그만큼 탈이 난다고 해석할 수 있다. 즉, 장자는 인간이 자기 본성과 능력에 따라 분수를 지켜나갈 때 진정 평안하고 자유로운 삶을 살 수 있으니 사사로운 욕심으로 스스로를 괴롭히지 말아야 한다고 말했다.

인생은 짧기에 배움은 길어야 한다

주자(1130~1200년)

날마다 진보하지 않으면
날마다 퇴보한다.

• 근사록

성리학은 유교에서 갈라져 나온 새로운 학문 체계로, 오랜 시간 동양의 정신세계를 지배해왔다. 중국 송나라 말기 수많은 학자가 꾸준히 연구해 기반을 다졌고, 남송南宋의 유학자 주자朱子가 일생을 바쳐 집대성했다. 중세 중국의 기라성 같은 천재들이 성리학의 탄생에 기여했다고 하지만, 모든 이론을 정립하고 거시적인 세계관을 확립한 인물은 단연 '주자'였다. 오죽하면 그의 이름을 따 '주자학朱子學'이라고 불렀을까? 한 사람의 이름을 학문의 이름으로 삼은 것도 대단하지만, 이보다 더 중요한 사실은 훗날 이 학문이 조선과 일본으로 전파되어 그들 사회의 이념과 체제를 송두리째 변화시켰을 정도로 절대적인 영향을 미쳤다는 것이다.

주자가 중세 동아시아 사상의 거인이 될 수 있었던 이유 역시 '공부'였다. 주자에게 공부란 '인간으로서 누구나 마땅히 해야 하는 일'이었다. 주자학을 배우는 최고의 입문서이자 조선시대 학자들의 필독서였던 『근사록近思錄』에는 이런 구절이 나온다.

> 공부란 마땅히 스스로 해야 한다.
> 공부하지 아니하면 스스로를 부족하게 만든다.
> 공부를 하면 바야흐로 부족함이 없게 된다.
> 지금 사람들은 공부하는 일을
> 겉치레하는 일쯤으로 생각한다.

주자는 공부를 '누구나 마땅히 해야 하는 일'로 정의 내리면서, 공부를 대하는 엄격한 자세와 투철한 정신에 대해서는 다음과 같이 말했다.

> 학자는 공부하느라 먹고 자는 것을
> 잊을 정도가 되어야 학문에 입문할 수 있으며,
> 그런 연후에야 즐거움이 찾아온다.

하는 둥 마는 둥 공부하거나,

했다가 말았다가 해서는 학문을 이루지 못한다.

스승과 벗에 의존하려고 해서는 안 되며

학문하는 사람은 스스로 도리를 깨달아야 하니,

침잠하여 깊이 사색해야 한다.

학문에서 중요한 것은 투철하게 보는 일이다.

그러나 자신의 마음을 수양하고

앎을 이루는 공부를 하지 않는다면

학문에 입문할 수 없다.

『근사록』의 「위학爲學」 편에는 "사람이 배우지 않으면 빨리 늙고 쇠약해진다"라는 말이 나온다. 평생 공부에 매진하지 않으면 삶을 적극적으로 살아갈 의욕이 약해지고, 결국에는 수명까지도 단축된다는 의미다.

그렇다면 『근사록』의 '근사'란 무슨 의미일까? 한자어 그대로 풀이하자면 '가까이 몸을 당겨(가까울 근, 近) 생각한다(생각할 사, 思)', 즉 몸과 마음을 최대한 가깝게 일치시키려고 노력한다는 뜻이다. 바로 이것이 '지행합일'의 정신이 아닐까? 마음으로 알았으면 반드시 몸으로 행하라는 주자의 가르침은 배운 것을 통해 세상과 더욱 가깝게 소통하라는 메시지를 전하고 있다.

주자는 세상에 존재하는 수많은 공부법 중에서 '독서'를 가장 중요한 것으로 꼽았는데, 특히 그는 '독서삼도讀書三到'라는 독서법을 주창하기도 했다.

나는 일찍이 독서에 '삼도三到'라는 것이 있다고 했다.

이른바 마음이 가는 '심도心到'와

눈이 가는 '안도眼到'와

입이 가는 '구도口到'가 그것이다.

이 삼도 중에서도 심도가 가장 중요하다.

마음이 갔는데 눈과 입이 어찌 가지 않겠는가?

이는 곧 책을 읽을 때에는 주위 환경에 휘둘리지 말고 오직 마음과 정신을 집중하라는 뜻이다. 그리고 더욱 효과적인 독서를 실천하기 위해 '순서에 따른 점진적 공부법'을 강조했다. 두 권의 책이 있다면 한 권을 먼저 통독하여 완벽히 깨우친 후 다음 책으로 넘어가고, 두 개의 문단이 있다면 먼저 첫 번째 문단을 달달 외울 정도로 깨우친 후에 다음 문단으로 넘어가는 식이다. 즉, 세밀하게 반복하고 치밀하게 숙독하여 공부하라고 조언했다. 늘 팽팽하게 긴장을 유지하고 스스로 학습 목표를 체계적으로 조정해 주도면밀한 공부의 자세를 갖추라고 당부한 것이다.

주자는 학문을 등산에 비유하기도 했다. 산을 오르기 위해서는 가장 낮은 곳부터 한 걸음씩 올라야 하는데, 대부분의 사람들은 높은 곳에 오르고 싶다는 의욕만 가득하지 낮은 곳을 거쳐야 한다는 생각을 하지 못한다는 것이다. 이는 『논어』의 「헌문憲問」 편에 나오는 '하학상달下學上達', 즉 '아래를 배워 위에 도달한다' 혹은 '쉬운 지식을 배워 어려운 이치를 깨닫는다'는 말과도 일맥상통한다. 우리가 '하학상달'과 주자의 가르침을 가슴에 새길 때 공부란 어느 순간 완성되는 것이 아니라, 끝없이 이어지는 인생의 여정이라는 사실을 이해하게 될 것이다.

주자는 자신의 가르침처럼 나이가 들고 온갖 병에 시달려도 학문에 정진하며 붓을 놓지 않았다. 46세에는 중국 장시성에 있는 서원인 아호사에서 여조겸, 육구연, 육구소와 함께 삶과 우주의 근본적인 문제를 두고 치열히 토론하는 모임 '아호지회鵝湖之會'를 만들었고, 68세에는 한유의 문장을 정리한 『한문고이韓文考異』를 완성했다. 69세에는 『초사집주楚辭集註』를, 70세에는 『후어後語』와

『변증辨證』을 집필했다. 주자는 71세의 일기로 세상을 떠날 때까지 80권이 넘는 책을 저술했고, 같은 시대를 살아가는 학자들과 2000여 통의 편지를 주고받았으며, 8만 자에 이르는 문집을 남기기도 했다.

1200년 4월의 어느 날, 주자는 제자들의 곁에서 조용히 눈을 감았다. 그리고 주자의 유언은 그가 세상을 떠나기 전날 제자들에게 한 말로 남겨져 있다.

> 자나 깨나 학문에 매진하라.
> 발을 땅에 굳게 붙여야만
> 앞으로 나아갈 수 있는 법이다.

실천하지 않는 공부는 공부가 아니다

왕양명(1472~1528년)

> 오만이란 자신의 재능을 자랑하며
> 남을 내려다보는 것이다.
>
> • 전습록

    중국 명나라 중기의 유학자 왕양명王陽明은 당시의 사상 체계를 철옹성처럼 굳건히 지배해온 주자학을 비판하며 새로운 학설을 제시했다. 바로 자신의 이름을 딴 양명학陽明學이다.

    사대부 명문가에서 태어난 왕양명은 어려서부터 활쏘기와 전쟁놀이를 즐겼고, 독특하게도 불교와 도교에 심취해 각종 경전을 탐독하던 '문제아'였다. 특히 공부에서도 남과는 다른 독자적인 목적을 꿈꾸었는데, 11세가 되던 해에 그를 가르치던 스승이 "공부를 하는 목적은 과거 급제다"라고 말하자 "공부는 성인聖人이 되기 위해 하는 것입니다"라고 답해 스승을 당황하게 만들기도 했다.

20세 후반이 되어서는 늦깎이 수험생의 신분으로 28세에 과거에 급제했고, 한동안 관직 생활을 이어나갔다. 하지만 35세가 되던 1506년, 환관 유근과의 대립으로 누명을 쓰고는 정신을 잃을 만큼 매질을 당하고 투옥되었다가 독사와 벌레가 우글거리는 벽지로 귀양을 가게 되었다.

그가 귀양살이한 용장龍場이라는 곳은 기후가 좋지 못하고 풍토병이 심해 사람이 살 수 있는 환경이 아니었다. 왕양명은 문명이 닿지 않은 척박한 땅에서 직접 물을 긷고 장작을 패며 인간 내면에 웅크리고 있는 '근심의 근원'을 탐구했다. 이때부터 왕양명의 진정한 공부가 시작된 셈이다.

당시에 그는 "모든 세상의 만물을 이치로 파악하는 주자학은 잘못되었고, 진정으로 중요한 것은 마음이다"라고 이야기하며, 세상의 이치를 직접 탐구하기보다는 먼저 마음으로 성찰하고 바로잡을 것을 설파했다. 그리고 이런 사상을 토대로 '양명학'을 주창해 '마음'의 중요성을 강조했다. 사람마다 선악이 따로 없으며, 누구나 마음만 먹으면 군자가 될 수 있다는 것이다. 더불어 주자학이 '먼저 알고 실천함'을 강조한 데 반해, 양명학은 '앎과 실천이 동시에 일어남'을 주장했다.

왕양명의 제자들이 스승의 어록과 편지를 엮어 집대성한 책『전습록傳習錄』에는 다음과 같은 구절이 나온다.

> 자고로 사람은 배워서 얻은 게 있으면
> 실천하여 자신을 향상시켜야 한다.

> 지知는 행行의 시작이며, 행은 지를 이룬다.

이 두 구절은 '지행합일론知行合一論'에 대한 왕양명의 사상을 명확하게 알 수 있는 대목으로, 『왕양명전집王陽明全集』에 나오는 "앎은 실천의 시작이요, 실천은 앎의 완성이다. 앎과 실천은 둘로 나눌 수 없다"라는 말과 함께 공부에 대한 왕양명의 철학을 집약하여 보여준다.

왕양명은 현실 세상과 큰 괴리를 보이며 실천은 등한시한 채 공리공론만 일삼는 주자학을 '허학虛學' 또는 '위학僞學'이라고 칭하며 통렬히 비판했다. 그만큼 깨달은 것을 반드시 실천해야 진정으로 아는 것임을 강조한 학문이 양명학이다. 그리고 이를 쉽게 표현한 이론이 앞에서 말한 '지행합일론'이다.

양명학은 사회와 사람의 공부를 이분법적으로 나누지 않았다. 모든 공부의 목표를 '사회에 유용한 인물'을 만드는 일에 두었다.

'입지立志', '근학勤學', '개과改過', '책선責善'을 학문의 방법으로 삼았
다는 점도 기존의 학문 체계에 비해 좀 더 구체적인 실천의 모습을
보여준다. 여기서 '입지'란 목표를 설정하고 실천하려는 의욕을 뜻
한다. '근학'은 학문에 힘쓴다는 뜻이며, '개과'는 잘못을 고쳐나가
는 마음의 수양을 의미한다. 마지막으로 '책선'은 착한 일을 권함
으로써 더욱 나은 사회를 만들고자 하는 왕양명의 핵심 사상이 담
겨 있다.

> 사람은 천지의 마음에 해당되며
> 천지만물은 본래 나와 한 몸이거늘,
> 백성의 어려움과 고통이
> 어찌 내 몸의 아픔처럼 절실하지 않겠는가?

양명학의 눈으로 볼 때 공부란 그저 자기만족을 위해 하는 것이
아니며, 자신의 지적 호기심을 충족시킨다고 해서 끝나는 것도 아
니다. 여기서 한 걸음 더 나아가 공부를 통해 스스로가 변화되고,
인격이 수양되며, 궁극적으로는 사회에 도움이 되어야 진정한 공
부라고 보았다.

왕양명의 공부 철학은 '마음으로 깨닫는 것'을 가장 귀하게 여기

는 것이었다. 내가 진정 마음으로 깨달은 바가 있다면 그것이 설령 세계적인 대학자의 주장과 다르다 할지라도 굳게 믿고 실천할 수 있어야 한다고 생각했다. 왕양명에게 안다는 것은 곧 행하는 것이며, 알면서도 행하지 않는 것은 제대로 알지 못한 것과 같았다. 양명학은 공부를 '사람의 기본적인 삶'에서 분리하지 않았다.

끝으로 왕양명은 '질문하는 공부'의 중요성을 역설했다. 양명학이 중시하는 공부법은 끊임없이 질문하고 정밀하게 탐구하는 것이었다. 그들은 끊임없이 질문하는 자를 학문의 스승으로 여겼다.

> 그대들은 요즘 질문이 적은데 무엇 때문인가?
> 사람이 공부를 하지 않는다면
> 그 스스로 이미 학문하는 방법을 알고 있고
> 그것을 따라 행하기만 하면 된다고 생각할 것이다.
> 착실하게 공부한다면 곧 도는 끝이 없어서
> 탐구하면 탐구할수록 더욱 깊어진다는 것을 알게 될 것이다.
> 반드시 조금이라도 철저하지 않음이 없도록
> 정밀하고 명백하게 탐구해야만 한다.

길 가는 아이에게도 배울 게 있다

연암 박지원(1737~1805년)

글을 읽다가 잘 모르는 대목이 있으면
반복해서 봐야지 그냥 넘어가선 안 된다.

• 열하일기

    지하철 1호선 종각역과 종로3가역 사이에는 오래된 공원이 하나 있다. '탑골공원'이라 불리는 이 공원의 옛터에 연암燕巖 박지원朴趾源을 비롯한 북학파의 젊은 인재들이 모여 살았는데, 당시 사람들은 이곳을 '백탑白塔'이라고 불렀다.

    연암을 중심으로 하루가 멀다 하고 이곳에 모인 이들은 유득공, 이덕무, 이서구, 서상수, 박제가, 이희경 등 공부의 기쁨에 흠뻑 취한 조선 최고의 학자들이자 시대를 풍미한 인물들이었다. 그리고 이들을 한자리에 모이게 한 원동력은 정치적 의도도, 경제적 이익도 아니었다. 북학파가 모인 백탑에는 청나라에서 건너온 신식 학문을 익혀 쇠락의 길에 접어든 조국 조선을 부흥시키겠다는 뜨거운 학구열이 가득했다.

> 선비가 독서를 하면
> 그 은택이 천하에 미치고
> 그 공덕이 만세에까지 전해진다.

조선시대 대표적인 독서광이자 글쟁이였던 박지원은 지금의 명성만큼이나 대단한 권세를 누리지는 못했다. 노론의 명문가에서 나고 자랐지만 급격한 정치 변화 속에서 서서히 가문이 몰락해갔다. 한때 그의 부모가 가진 재산은 100냥도 채 안 되는 밭뿐이었고, 백탑 인근의 양반집을 돌며 셋방살이를 하기도 했다. 또한 그는 한때 촉망받는 인재였지만, 끝내 과거 시험을 포기하고 가족들과 함께 황해도 연암에 정착했다. 박지원이 『예덕선생전穢德先生傳』, 『양반전兩班傳』과 같이 당시의 시대상을 비판하는 작품을 집필하게 된 계기도 이러한 삶의 영향 때문이었다.

중농학파를 일으킨 실학의 거장 이익에게 영향을 받은 박지원은 청년이 되었을 무렵, 3년간 문을 걸어 잠그고 오로지 공부에만 매달렸다. 그리고 소위 '경세실용' 학문의 최고 전문가로 성장했다. 이미 18세 무렵에 단편소설을 짓기도 했던 박지원은 진정한 선비의 공부란 '삶의 일부 그 이상'이 되어야 한다고 강조했다.

> 선비가 하루 동안 책을 읽지 않으면
> 면목이 곱지 못하고, 언어가 곱지 못하고,
> 갈팡질팡하여 몸을 의지할 데가 없어지고,
> 결국은 마음 둘 데가 없어진다.
> 장기, 바둑, 음주가 애당초 어찌 즐거울 수 있겠는가?

당시 박지원이 그린 실학 정신을 고스란히 보여주는 『연암집燕巖集』의 「원사原士」편에는 이런 구절이 나온다.

> 독서를 하면서 써먹을 것을 구하는 것은
> 모두 사심私心에서 비롯된 것인데,
> 해 마칠 때까지 독서를 해도 학문에 진보가 없는 것은
> 사의私意가 그것을 해치기 때문이다.

그는 이용후생利用厚生, 즉 백성의 생활에 이롭게 쓰이고 그들의 삶을 윤택하게 만들어야 진정한 실용 학문임을 역설했다. 공부하

는 사람의 직분은 그 학문을 수행하여 백성에게 이바지하는 것, 즉 공의公義를 위해 공부해야 한다고 주장한 것이다.

박지원에게 공부란 사사로운 목적을 위한 수단이 아닌, 삶 그 자체였다. 누구든 공부를 시작했으면 그 끝에는 반드시 만천하에 은혜와 덕을 베풀어야 한다는 의미다. 조선 후기 문학과 사상을 대표하는 걸작이자 요동, 요하, 북경 등지를 여행하며 청나라의 신식 문물과 생활상을 기록한 책 『열하일기熱河日記』는 박지원의 성실한 독서 습관과 공부 지론이 만들어낸 결실이다. 당시 『열하일기』는 조선의 전반적인 문제를 비판한 책이었기에 조정의 반발이 무척 거셌으나, 재야에서는 그의 참신한 시각에 깊이 공감하며 널리 읽혔다고 전해진다.

박지원의 가르침을 받은 박제가는 중국의 선진 문물을 소개하고 정리한 『북학의北學議』에서 스승 박지원의 공부 자세를 다음과 같이 정리했다.

> 학문하는 길에는 방법이 따로 없다.
> 모르는 것이 있으면
> 길 가는 사람을 붙들고 묻는 것이 옳다.
> 심부름 가는 아이가 나보다 한 자라도 더 안다면

배울 수 있는 것이니,

자신이 남보다 못한 것을 부끄럽게 여겨

자신보다 나은 사람에게 묻지 않는다면

죽을 때까지 스스로 고루하고

방술이 없는 데에 갇히는 것이다.

순임금은 밭을 갈고 질그릇을 굽고

고기를 잡을 때부터 왕이 되기까지

다른 사람의 좋은 점은 반드시 취했다.

공자도 "나는 어려서부터 미천하게 지내

천한 일에도 상당히 능하다"라고 말했다.

재주가 능한 이라 할지라도

사물을 접한 다음 솜씨를 익히기 시작하고,

일에 닥쳐서 필요한 그릇을 만들어낸다.

또 시일이 부족하고 지혜가 막히는 수도 있다.

이런 점으로 볼 때 순임금과 공자가 선인이 된 것은

평소 남에게 묻기를 좋아하고 잘 배웠기 때문이다.

이러한 박지원의 마음가짐은 자신의 책 『열하일기』에서도 자세히 드러난다.

> 자기보다 나은 사람에게 묻기를 꺼린다면,
> 이는 죽을 때까지 편협하고 무식한 틀 속에
> 자신을 가두는 것과 같다.

> 공부란 별다른 게 아니다.
> 한 가지 일을 하더라도 분명하게 하고,
> 집을 한 채 짓더라도 제대로 지으며,
> 그릇을 하나 만들더라도 정성스럽게 만들고,
> 물건을 하나 탐구하더라도 식견을 갖추는 일,
> 이것이 모두 공부의 일부다.

현실에 안주하지 않고 끊임없이 더 나은 이에게 배우고자 노력했던 박지원은 자신의 공부를 통해 허위의식에 빠진 당시의 지식인들을 비판하고 시대를 개혁하는 데에 일조하였다.

출세가 아닌 사람을 위한 공부를 하라

다산 정약용(1762~1836년)

널리 배우고, 자세히 묻고, 신중히 생각하고,
분명하게 분별하고, 독실하게 행해야 한다.

• 여유당전서

18세기 조선의 사회는 농경 사회를 기반으로 한 전통적 질서가
점차 저물어가고 외래의 새로운 문화가 유입되면서 신구新舊의 사
상과 철학이 공존했다. 구체적으로는 성리학이 쇠퇴하고, 기술 문
명의 도입과 부국강병을 기치로 내세운 '북학사상'이 대두했다. 하
지만 보수적인 농경 국가였던 조선에서 상공업의 부흥과 청나라의
문물을 수입하자고 목소리를 높였던 실학자들이 활동할 수 있는
영역은 그리 넓지 않았다.

그럼에도 불구하고 정치적 영역과 학문적 영역에서 그 누구도
범접할 수 없는 위대한 업적을 세운 인물이 있다. 바로 우리가 익

히 알고 있는 다산茶山 정약용丁若鏞이다. 정약용은 "기술을 도입해 농기구를 하나라도 더 개발하는 것이 백성의 고통을 덜어주는 일이다"라고 말하며, 조선의 수많은 학자를 새로운 과학 지식과 기술 학습의 장으로 이끌었다.

조선 후기 실학을 집대성하고 500여 권의 책을 집필한 정약용은 세상의 공부에 대해 이런 말로 일침을 놓았다.

> 공부를 그저 출세의 수단으로만 생각하면
> 공부도 잃고 나도 잃는다.
>
> 백 년도 안 되는 인생, 공부하지 않는다면
> 이 세상 살다간 보람을 어디에서 찾겠는가?
>
> 사람이 세상에 태어나서 책도 읽지 않고
> 무슨 일을 도모하겠는가?

이 말은 모든 일의 근본이 결국에는 '공부'로부터 시작되어야 함을 의미한다. 정약용은 모든 배움의 완성을 통합적인 배움으로 여겼다. 단순히 지식을 축적하는 공부를 넘어 풍부하게 그리고 폭넓게 사유해야 하며, 자신이 직접 보고 들은 경험이나 학습이 삶 속에서 조화롭게 통합되어 행동으로 나타날 때 완전한 배움이 이루어진다고 주장했다.

정약용에게 공부란 '세상 모든 일의 근본'이었고, '삶의 보람을 찾는 일'이었다. 신분이나 직업의 귀천에 상관없이 사람으로 태어났으면 누구라도 무조건 공부해야 한다고 역설했다.

무엇보다도 정약용은 단순히 벼슬길에 오르기 위해 공부하지 않았다. 기나긴 강진에서의 유배 생활 끝에 석방되어 본가로 돌아온 후 1836년 75세를 일기로 세상을 떠날 때까지 18년의 세월 동안 관리직과 출세를 단념하고 오로지 백성의 생활을 개선시키기 위한 학문 연구와 저술에만 몰두했다. 그는 집권자와의 타협을 거부하고, 자신의 모든 열정과 노력을 실학의 완성에 쏟아부었다.

정약용의 5대손인 정향진이 발간한 『여유당전서與猶堂全書』에는 공부를 향한 그의 강렬한 열망이 적혀 있다.

> 나는 스무 살 때 우주 사이의 모든 일을
> 일제히 고찰하여 정리하고 싶었는데
> 서른 살, 마흔 살이 되어서도
> 이 뜻은 변하지 않았다.

1800년, 정조가 급작스럽게 승하하고 이듬해인 1801년에 천주교 박해 사건인 '신유박해(정순왕후를 배경으로 하는 노론 계통의 벽파가 시파와 남인을 탄압하기 위해, 중국에서 세례를 받고 돌아와 전교하던 이승훈을 비롯하여 이가환, 정약종, 권철신, 홍교만 등의 남인에 속한 신자와 중국인 신부 주문모 등을 사형에 처하게 하고 박해한 사건)'가 일어났다. 다분히 정치적 의도가 개입된 정란이었으나, 왕실은 사건을 주도한 노론 세력을 통제할 만한 힘이 없었다. 정치 싸움의 희생양이 된 세력은 남인이었다. 그리고 그중에는 정약용도 포함되어 있었다.

한양으로 압송된 정약용은 가혹한 취조를 받고 강진에 유배되었다. 남겨진 가족들에게는 참담한 시간이었지만, 오히려 강진에서의 18년은 정약용에게 방대한 공부를 통해 자신의 경지를 거듭 끌어올린 소중한 계기가 되었다. 소위 '다산학茶山學'이라는 학문이 생겨날 정도로 그가 이룩한 학문적 성과는 넓고 깊었다.

정약용은 공부를 대하는 자세 또한 매우 겸손하기로 유명해서, 제대로 공부를 하려는 사람은 누구든지 그의 글과 말을 거치지 않을 수 없었다. 책을 많이 쓰다 보면 아무리 유명한 학자라도 때로는 글과 생각이 성기게 되고 허투루 쓰게 되는데, 정약용은 500여 권에 달하는 엄청난 저술을 남겼음에도 단 한 권도 대수롭게 쓴 책이 없을 정도로 모든 책이 깊이가 있고 이론과 논리가 정연하다고 평가받는다. 그가 남긴 아름답고 귀한 말을 읽으면 절로 공부하고 싶은 마음이 샘솟을 것이다.

학문은 천하의 공평한 것이다.
참으로 그 말이 도에 어긋난다면
비록 대인군자에게서 나온 말일지라도 믿지 못하겠거늘,
하물며 대인군자보다 못한 사람이라면 어떨까.
참으로 그 말이 이치에 맞는다면
비록 미천하고 졸렬한 사람에게서 나온 말일지라도
의당 드러내주어야 하거늘,
하물며 그보다 더 나은 사람임에랴.

오직 독서, 이 한 가지 일이
위로는 옛 성현을 좇아 함께할 수 있게 하고
아래로는 백성을 길이 깨우치게 하며
신명에 통달하게 하고
임금의 정사를 도울 수 있게 할 뿐 아니라
인간으로 하여금 짐승과 벌레의 부류를 벗어나

저 광대한 우주를 지탱하게 하니,

독서야말로 우리들의 본분이라 하겠다.

　18세기 후반과 19세기 전반을 살다간 불세출의 대학자 정약용은 독서와 공부를 통해 빈곤과 착취에 시달리던 백성을 구제하고자 노력한 양심적 지식인이었다. 공부에 대한 그의 올곧은 자세와 진지한 열의는 지금까지도 많은 공부하는 이에게 귀감이 되고 있다.

경계 없이
세상 모든 것으로부터 배워라

혜강 최한기(1803~1879년)

> 학문이란 생활에 놓여야 진짜고,
> 생활에 놓이지 않으면 가짜다.
>
> • 기학

조선의 지식인 중 가장 많은 저술을 남긴 사람은 누구일까? 앞서 언급했듯이 다산 정약용이 500여 권의 저술을 남겼다고 전해진다. 현존하는 책의 양으로 봐도 정약용이 단연 앞선다고 말할 수 있다. 그러나 남아 있지는 않지만 대략 1000권의 책을 썼다고 알려진 인물이 있다. 그 신화적인 학자는 대체 누구일까? 바로 19세기를 대표하는 조선 최고의 학자이자 과학 사상가인 혜강惠崗 최한기崔漢綺다. 참고로 그가 쓴 저술은 현재 10분의 1정도만 보존되어 전해지고 있다.

최한기는 세간에 잘 알려진 인물은 아니나, 퇴계 이황과 율곡 이

이, 정약용의 뒤를 잇는 대학자로 기학氣學을 통해 동서양의 학문을 통합시키고 평화 사상을 제시한 선각자다. 여기서 말하는 '기학'이란 동양의 기 철학과 서양의 물리학을 접목시켜 이론으로 체계화한 학문을 뜻한다. 서양의 과학은 인간과 자연을 분리해 이해하는 데 반해 최한기의 기학은 기의 움직임, 즉 운화運化를 통해 인간과 우주가 합일되어 있다고 여긴다. 전 세계가 하나로 통합될 것이라는 최한기의 '일통一統사상'은 오늘날 우리가 말하는 '세계화'와 맞닿아 있다.

운화로써 공부를 삼으면 공부가 모두 운화이므로
일신의 운화로부터 사람과 접하는 운화에 이르고,
천지의 운화까지 이루어 도달하게 된다.
그래서 점차 투철하게 알아 공을 쌓고
경험이 쌓여 성취에 도달하게 되니
이것이 곧 공부다.

최한기가 제시한 '운화의 법칙'은 인간을 비롯한 모든 사물이 유기적으로 관계를 맺은 채 계속해서 영향을 주고받으며 작동한다는 원리다. 최한기는 그러한 관계가 바로 공부의 핵심이자 토대라고 생각했다.

최한기의 사상과 공부는 정약용과 자주 비교되곤 한다. 정약용이 옛 경전을 재해석함으로써 개혁의 논리를 이끌어냈다면, 최한기는 현재를 중시했다. 그가 항해술이나 수학, 천문학 등 서양의 과학을 적극적으로 공부하려고 한 것도 이 때문이다. 무엇보다도 최한기가 주장한 기학은 다양한 학문을 분리하지 않고 통섭적으로 접근했다는 데에 의의가 있다. 그의 공부는 오늘날로 치면 자연과학과 사회과학, 그리고 인문학을 망라한 공부로 학문의 경계 없이 세상의 모든 지식을 자유자재로 넘나들었다.

평생에 걸쳐 동양의 정신과 서양의 과학을 하나의 학문 체계로 접목시키고자 노력한 최한기는 조선의 다른 지식인들과 마찬가지로 학문은 반드시 형체가 있어서 어떤 문제를 해결하고 처리할 수 있어야 하며, 반드시 이론으로 증명해낼 수 있어야 한다고 말했다.

최한기는 책을 읽고 연구하는 데에 자신이 가진 모든 돈을 투자한 것으로도 유명하다. 누군가 그에게 "무엇 때문에 그렇게 책을 많이 보느냐?"라고 묻자 이렇게 대답하기도 했다.

가령 이 책을 쓴 사람이

나와 동시대에 살고 있는 사람이라면

천 리라도 불구하고 찾아가야 할 텐데,

지금 나는 아무런 수고도 하지 않고

가만히 앉아서 그를 만날 수 있네.

책을 사는 데 돈이 많이 들긴 하지만

양식을 싸 들고 멀리 찾아가는 것보다는

훨씬 낫지 않은가?

책을 읽고 쓰는 일에 평생을 바친 최한기는 자신의 집 대문과 마당, 서재에 선을 그어놓고 책을 1000권 읽은 사람, 5000권 읽은 사람, 1만 권 읽은 사람이 각각 들어올 수 있는 경계를 정해놓은 것으로도 유명하다.

최한기는 다른 무엇보다도 '경험'을 통한 배움을 중시했다.

종을 치면 소리가 난다는 것을

만약 듣지도 보지도 못했다면,

종을 치기 전에 소리가 날 것을

어찌 예측할 수 있겠는가?

경험을 중시한 최한기는 공부하는 방법에 대해서도 남다른 견해와 주장을 펼쳤다. 그는 경험이 쌓이고 나이가 들어감에 따라 공부하는 방법과 대상이 달라져야 함을 강조했다.

> 20대에는 분야를 가리지 말고
> 폭넓게 공부하며 탐색해야 한다.
> 30대에는 취사선택하여
> 버릴 것은 버리고 얻을 것은 얻어야 한다.
> 40대에는 세계와 자신을 연결해야 한다.
> 모든 경험과 지식을 자신의 것으로 소화한 뒤
> 그것을 다시 바깥으로 쏟아내야 한다.
> 50대 이후에는 새로운 분야를 개척하기보다는
> 이미 공부한 분야의 내용을 간추려야 한다.

독창적인 기의 세계를 열어젖히며 자기만의 길을 묵묵히 걸어간 최한기는 인간이 처음부터 뛰어난 지식과 기능을 갖추고 태어나는 존재가 아니라, 후천적인 노력으로 끊임없이 발전해나가는 존재라는 사실을 잘 알고 있었다. 따라서 그에게 공부란 어느 한 시점에 끝낼 수 없는, 평생에 걸쳐 적절한 방법을 택해 배워나가야 하는 삶의 동반자와 같은 활동이었다.

매일 스스로를 깎고 다듬어라

담헌 홍대용(1731~1783년)

> 책을 볼 때는 눈만 책에 붙이고
> 마음을 두지 않으면 이득이 없다.
>
> • 여매현서

    박지원의 『열하일기』와 함께 조선시대 기행문학의 걸작으로 손꼽히는 『을병연행록乙丙燕行錄』의 저자 담헌湛軒 홍대용洪大容은 공부를 다음과 같이 정의했다.

    안영과 맹자의 자질도 배우고 닦지 않으면
    평범한 사내나 천한 졸개에서 벗어나지 않는다.
    그러므로 옥도 다듬지 않을 수 없고
    재목도 깎지 않을 수 없으며
    사람도 배우지 않을 수 없다.

사람으로 태어나 배우려고 하지 않는다면
지혜롭다고 할 수 없다.

  홍대용은 박지원과 함께 북학파를 대표하는 사상가로, 당시 조선의 사상을 지배하고 있던 성리학의 한계를 강하게 비판했다.

군주가 아무리 바르게 정치해도
백성은 여전히 가난하며 굶주리고 있다.
이는 성리학이 인간의 도리를 가르치기는 하지만,
백성의 삶에 실질적인 도움은 주지 못하기 때문이다.

성리학에 예법은 있으나 어찌 농사짓는 법은 없는가?

  당시 성리학은 우주의 구성 원리를 설명하고 그를 통해 인간의 본성을 연구한다는 본래의 순수한 학문적 목적을 잃은 채, 정치 계급의 지배 이념을 지지하고 대중 프로파간다에 동원되는 등 제 기능을 상실한 상태였다. 특히 깨달은 것을 일상적인 삶에 적용하지 않고, 주자가례朱子家禮(관혼상제에 관한 주자의 학설과 사례를 모은 책)와 같은 허울뿐인 공리공론에만 집착해 대중과 수많은 지식인으로부터 점차 신뢰를 잃고 있었다.

무엇보다도 홍대용이 살았던 시대에는 이앙법(못자리에서 모를 어느 정도 키운 다음 논으로 옮겨 심는 벼 재배 방법)이 널리 보급되어 지주들이 더 많은 땅을 소유하는 일이 벌어졌다. 소작농들은 그나마 갖고 있던 작은 땅을 판 뒤 집도 없이 떠돌아다녔으며, 흉년이 들면 떼죽음을 당하기도 했다. 부익부 빈익빈 현상이 심해져 양반들조차도 재산을 잃기 일쑤였으나, 일을 해보지 않았던 탓에 속수무책으로 굶주릴 수밖에 없었다. 이러한 난세 속에서 홍대용은 현실에 즉시 활용할 수 있는 살아 있는 공부를 늘 고민했다.

홍대용에게 공부란 '자신을 깎고 다듬어 평범함과 천함으로부터 벗어나는 일'이었다. 그는 훗날 정약용에 버금가는 실학의 거장으로 평가받을 만큼 뛰어난 학문적 성취를 남겼지만, 정작 스스로를 '궁색한 삶을 사는 평범한 사내'라고 평했다. 이러한 그가 세상에 눈을 뜨고 새로운 공부의 경지에 오르게 된 계기는 바로 연행燕行이었다. 그는 1765년, 사절 신분으로 청나라의 수도인 북경 여행길에 올랐다.

서른다섯이라는 젊은 나이에 중국으로 간 홍대용은 그곳에서 인생의 대전환을 맞았다. 중화의 질서가 명明에서 청淸으로 바뀌고 있었지만, 당시 조선의 수많은 학자는 여전히 전통적인 '화이관華夷

觀(중국 이외의 다른 나라는 전부 다 오랑캐로 여겨 업신여기던 중국의 세계관)'에 매몰되어 있었다.

하지만 홍대용은 자기가 태어난 곳에만 머물며 고리타분한 성리학에 몰두하는 삶을 원하지 않았다. 그가 쓴 『을병연행록』은 박지원의 『열하일기』, 김창업의 『노가재연행록老稼齋燕行錄』과 함께 조선시대 3대 중국 견문록으로 꼽힐 만큼 수많은 조선인의 세계관에 영향을 미쳤다.

> 남을 이기려고 하거나 자신의 박식함을 자랑하기 위해
> 세상에 아무런 도움도 안 되는
> 헛된 말을 해서야 되겠는가?
>
> 앎을 먼저 구하고 그다음에 실천하는 것,
> 이는 동서고금의 공통된 이치다.
> 그렇기는 하나 반을 알았으면
> 반드시 그 반을 실천해야 할 것이다.
> 반을 실천한 뒤에야
> 비로소 완전한 앎을 말할 수 있으며,
> 실천 또한 완전한 것이 될 수 있다.

반의 실천을 우선하지 않고

완전한 삶을 구하고자 하는 사람은

망상과 억측을 일삼게 되어

구하면 구할수록 앎이 더욱 멀어지게 될 것이다.

이는 탁상공론에만 치우쳐 말뿐인 학문을 경계했던 홍대용이 자신의 시문집 『담헌서湛軒書』에 남긴 구절이다. 중화의 질서가 바뀌고, 사농공상이라는 기존의 신분 질서가 송두리째 뒤흔들리는 격변기 속에서 홍대용은 많은 사람에게 보탬이 되면서도 당장 써먹을 수 있는 살아 있는 공부를 실천했다. 지구 중심설을 거부하고 조선에서 처음으로 지전설地轉說을 주장한 것도, 톱니바퀴를 활용한 최초의 기계식 시계를 발명한 것도 모두 이러한 그의 선한 공부에서 비롯된 업적이라고 할 수 있다.

세계에서 가장 열심히 오랜 시간 공부하는 나라 대한민국. 그런데 왜 우리는 학문 분야에서 단 한 명의 노벨상 수상자도 배출해내지 못하는 걸까? 위대한 발견을 통해 인류를 구원하고 지식의 세계를 드넓힌 노벨상 수상자들의 이야기 속에 우리의 공부가 간과하고 있는 진정한 가치와 방법이 숨어 있다.

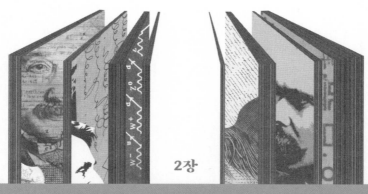

2장

1% 공부법으로 노벨상을 수상한 공부벌레들

상상력은 지식보다 힘이 세다

알베르트 아인슈타인(1879~1955년)

> 성공한 사람이 되기 위해 노력하지 말고
> 단 하나의 가치 있는 사람이 되려고 노력하라.

독일 태생의 이론 물리학자 알베르트 아인슈타인Albert Einstein은 아이작 뉴턴Isaac Newton과 함께 인류 역사상 가장 위대한 과학자로 손꼽힌다. 그는 1921년에 '광전 효과'를 발견하고 '광양자 가설'을 세운 공로를 인정받아 노벨 물리학상을 수상했다. 하지만 놀랍게 도 그는 어린 시절 남들보다 말도 느리고, 수학과 물리학을 제외한 모든 과목에서 낙제점을 받았으며, 판에 박힌 교육 방식을 경멸하여 무례한 행동이 잦았다고 전해진다.

1901년, 아인슈타인은 취리히 연방공과대학을 졸업하고 교사 가 되고자 했지만 자리를 구하지 못해 특허청에 하급 심사관으로 입사하여 5년간 근무했다. 물리학과 전혀 관계가 없어 보이는 직업이었지만, 당시에 그는 발명가들이 제시한 논리의 오점을 발견하면서 자신의 논문 작성 실력을 높일 수 있었다. 일을 하면서도 자투리 시간이 날 때마다 논문 쓰기를 이어나갔던 아인슈타인은 1905년에 총 스물다섯 편의 논문을 발표했는데, 물리학계에서는 이때를 '경이적인 해'라고 칭한다. 그중 세 편의 논문은 지금까지도 물리학계에 가장 큰 영향을 미치는 논문으로 첫 번째는 '광전 효과'에 관한 것이고, 두 번째는 '브라운 운동', 세 번째는 '특수 상대성 이론'에 관한 것이었다. 그리고 이 논문들이 아인슈타인에게 노벨 물리학상을 안겨준 계기가 되었다.

그간 물리학자 수십 명이 동시에 달려들어 연구해도 달성하기 어려웠던 일을 어떻게 아인슈타인은 혼자서 해낼 수 있었던 걸까? 다음의 인터뷰를 보면 공부를 대하는 아인슈타인의 생각을 읽을 수 있다.

> (아인슈타인) "나는 한 번도 기자들처럼 노트를 들고 다닌 적이 없습니다. 그저 평소에는 머리를 비워두었다가 연구할 문제가 생기면 온 힘을 다해 집중해서 공부합니다. 당신이 소리의 속도가 몇이냐고 물어도 나는 정확한 답을 모릅니다. 물리학 사전

을 찾아봐야 알 수 있지요. 나는 사전에서 찾을 수 있는 지식에는 별 관심이 없습니다."

(기자) "그럼 당신의 머릿속에는 무엇이 들어 있나요?"

(아인슈타인) "아직 책에 실리지 않은 내용들이 들어 있지요. 책에서 볼 수 있는 사건이나 사람들의 이름, 공식만 외우는 게 공부라면 굳이 대학에 갈 필요가 있겠습니까? 고등 교육은 학생들에게 사고하는 힘과 탐구할 수 있는 재능을 양성하는 데에 중점을 둬야 한다고 생각합니다. 세계적인 문제는 책이 아니라 사람들의 사유와 지혜로만 해결할 수 있으니까요."

무엇보다도 그는 뇌를 가장 잘 이해한 과학자였다. 아인슈타인은 좌뇌와 우뇌를 조화롭게 활용할 수 있는 학습법을 개발했는데, 그것은 피아노와 바이올린 연주였다. 그의 두 번째 아내인 엘자는 "남편은 이론을 궁리할 때면 음악의 도움을 받았습니다. 피아노가 있는 방으로 가 몇 곡의 음악을 연주하고는 무언가를 마구 적고 다시 서재로 돌아가곤 했습니다"라는 말을 남겼다.

아인슈타인 공부법의 핵심은 공부를 음악과 접목하고, 지식을 상상력과 조화시키는 것이었다. 그는 공부를 하면서 한계에 부딪힐 때마다 피아노와 바이올린을 찾았는데, 특히 모차르트 교향곡을 즐겨 연주했다고 한다. 그에게 음악은 공부의 질을 한층 끌어올려주는 활동, 혹은 그 이상이었다.

남들이 책과 씨름할 때 아인슈타인은 자기 자신의 상상력으로 문제를 풀려고 애썼고, 남들이 단순히 지식을 축적하기만 할 때 그는 음악을 통해 감성과 지성을 자유자재로 활용하며 우뇌와 좌뇌 모두를 활성화시켰다. 아인슈타인은 인간이 발휘할 수 있는 상상력의 최대치를 활용해 공부하는 능숙한 예술가이자 과학자였다.

아인슈타인의 공부를 통해서 볼 때, 공식과 이론을 달달 외우고 세상의 온갖 지식을 머릿속에 쌓을 정도로 공부를 많이 했을지라도 정작 상상력이 없다면 무용지물이라는 것을 알 수 있다. 방대한 지식을 축적하고도 아무것도 통찰해내지 못하는 사람이 있는가 하면, 지식은 부족하지만 세상에 없던 새로운 것을 창조해내는 사람이 있다. 우리가 아인슈타인에게 배워야 하는 공부법은 지식을 단순히 습득하는 기술이 아니라, 아직 경험하지 않은 무언가를 마음껏 상상하고 펼칠 수 있는 '창조적 사고력'과 '지적 관찰력'을 통합하는 지혜다.

상상력은 지식보다 중요하다.
지식은 한계가 있지만,

상상력은 전 세계를 일주한다.

이 시대의 중대한 문제들은
그것을 만든 사람과 비슷한 수준으로 생각해서는
절대로 풀리지 않는다.

지성의 참된 모습은
지식이 아니라 상상력에서 나타난다.

이제는 어느 것 하나만 잘해서는 살아남기 어려운 통합의 시대
다. 누구에게나 한 분야의 고정된 지식이 아니라, 학문의 경계를 자
유자재로 뛰어넘을 수 있는 창조적이고 유연한 사고 능력이 요구
된다. 그가 남긴 말은 오직 교과서에 매몰된 채 정체된 지식만을
습득하는 지금의 우리에게 경각심을 일깨워준다.

절실함은 가장 강력한 공부 동기다

알렉산더 플레밍(1881~1955년)

> 실험실에서 생기는 아주 작은 일도
> 절대로 소홀히 다루지 마라.

　공부를 잘할 수 있는 원동력은 무엇일까? 뛰어난 두뇌, 효과적인 전략, 충분한 시간 등이 떠오를 것이다. 물론 모두 맞는 말이지만 가장 핵심적인 힘은 공부를 하고야 말겠다는 '절실함'과 '강한 동기'가 아닐까? 배우고 익히려는 욕구가 마음속에서 일어나야만 예기치 않은 변수에도 굴하지 않고 끝까지 공부하는 힘을 지속할 수 있을 것이다. 그래서 공부 동기가 굳건히 선 사람들은 남들이 사소하다고 무시하는 일도 허투루 흘려버리지 않는다. 작은 깨달음에서도 큰 통찰을 얻어낸다.

　1881년 스코틀랜드의 작은 시골 마을에서 농부의 아들로 태어난 알렉산더 플레밍Alexander Fleming은 물에 빠져 죽을 뻔한 귀족 사내아이를 구해준 대가로 의사가 되고 싶다는 소망을 이룰 수 있었다. 놀랍게도 그 아이는 제2차 세계대전을 승리로 이끈 영국의 수상 윈스턴 처칠Winston Churchill이었는데, 훗날까지도 처칠은 플레밍이 의과 대학에 합격하고 공부할 수 있도록 물심양면으로 지원을 아끼지 않았다.

장학금을 받으며 뛰어난 성적으로 대학을 졸업한 플레밍은 수십 년 후 영국 왕실로부터 기사 작위를 받고, 1945년에는 페니실린을 발견한 공로를 인정받아 노벨 생리·의학상을 수상했다.

페니실린은 푸른곰팡이에서 얻은 화학 물질로, 제2차 세계대전 직후에 항생제로 사용되어 수없이 많은 인명을 살린 일등 공신 약물이다. 지금껏 인간이 만들어낸 약 가운데 단연 최고이자, 인류의 생명을 가장 많이 구한 약, 세균에 의한 질병을 치료하는 최초의 특효약으로 인정받고 있다.

하지만 플레밍이 이 위대한 업적을 세우기 전에 이미 공기 중에서 자라는 곰팡이를 연구하기 시작한 의사들이 있었다. 그들 중 일부는 곰팡이 배양액이 항균력을 지닌다는 사실을 발견했으며, 심지어 학계에 여러 차례 발표하기까지 했다. 그러나 이들은 끝내 인류를 구원할 항생제를 발견하지 못했다. 왜 플레밍은 성공하고 다른 의사들은 실패했을까? 그들에게는 끝까지 연구를 지속하는 힘, 즉 '절실한 동기'가 없었기 때문이다.

플레밍은 다른 연구자들과 달랐다. 그는 어렸을 때부터 사람들을 질병에서 해방시켜주고 싶다는 강력한 꿈과 동기를 품었고, 그것이 그의 정신을 움직였다. 이렇게 결심한 것은 그의 사촌 형 때문이었는데, 사촌 형 존 플레밍은 병명도 모르는 고통스러운 질병에 걸려 평생을 아픔 속에서 살아야 했다. 의대생이 된 플레밍은 세균 감염을 치료할 수 있는 항생 물질을 찾기 위해 간절히 연구에 매달렸다.

1928년 9월의 어느 날, 여름 휴가를 다녀온 플레밍은 실험실 구석에서 푸른곰팡이가 잔뜩 자라 있는 페트리접시(실험용 접시)를 발견했다. 다른 사람이었다면 곧바로 쓰레기통에 버렸을 법도 한데, 플레밍은 이마저도 소홀히 생각하지 않고 유심히 관찰했다. 그때 플레밍의 눈을 사로잡은 것이 있었다. 플레밍은 푸른곰팡이가 자란 접시 주변에서 박테리아가 서서히 죽어가는 것을 발견했다. 그날부터 플레밍은 푸른곰팡이를 연구하기 시작했고, 오히려 푸른곰팡이가 더 많이 배양되도록 접시를 그대로 방치했다. 그 결과 정체를 알 수 없는 이 푸른곰팡이가 박테리아, 즉 세균을 죽인다는 사실을 발견했고 자신이 알아챈 항생 물질이 폐렴과 매독, 임질과 디

프테리아 등 무수한 질병을 치료하고 인류의 생명을 구하는 데에 크게 기여할 것이라 믿었다. 플레밍은 이 물질에 '페니실린'이라는 이름을 붙였다.

> 나는 페니실린을 발명하지 않았다.
> 자연이 만들어낸 결과물이고,
> 나는 그것을 우연히 발견했을 뿐이다.
> 그러나 내가 남들보다 단 하나 더 나았던 점은
> 그런 현상을 지나치지 않았고,
> 미생물학자라는 자부심으로
> 대상을 끈질기게 추적했다는 것이다.

플레밍은 사격과 포커, 골프와 같은 각종 게임에도 굉장히 능했다고 알려져 있다. 인류의 역사를 바꾼 천재들의 이야기를 담은 세계적 베스트셀러 『생각의 탄생』의 저자 로버트 루트번스타인 Robert Root-Bernstein 미시간 대학 교수는 '놀이'를 활용한 창조적 천재의 가장 대표적인 예로 플레밍을 꼽기도 했는데, 그는 골치 아픈 미생물 연구도 박테리아와 함께하는 즐거운 놀이로 여겼다고 한다.

나는 미생물을 가지고 논다.

어느 정도 이 놀이에 익숙해지고 난 뒤

그 규칙을 깨뜨려보면

다른 사람들은 생각조차 하지 못한

새로운 것들을 발견해낼 수 있다.

　공부하기 전에 절실한 동기를 품고 확고한 목표를 수립하면 분명 상상보다 더 큰 공부 효과를 경험할 수 있다. 일단 강력한 동기가 생기면 자연스럽게 흥미가 따라붙는다. 남이 보지 못한 것을 볼 수 있고, 남이 떠올리지 못한 것을 생각해낼 수 있다. 그래서 '동기형 공부법'은 그 어떤 공부법보다도 큰 효과를 발휘한다. 동기는 공부의 효과를 상승시키며, 공부를 꾸준히 지속할 수 있는 힘이 되어줄 것이다.

완벽한 공부법이 아닌
최적의 공부법을 찾아라

볼프강 파울리(1900~1958년)

리처드 파인먼(1918~1988년)

> 만약 그것을 쉽게 설명할 수 없다면
> 충분히 이해했다고 할 수 없다.

이번에는 오스트리아의 천재 물리학자이자 1945년에 '배타원리'를 발견한 업적으로 노벨 물리학상을 수상한 볼프강 파울리 Wolfgang Pauli를 만나보자. 그는 고전 역학과 결별하고 현대 물리학의 새로운 장을 연 '양자 역학 연구의 선두 주자'로 평가받는다. 스무 살이 되기도 전에 인력 이론에 관한 논문을 두 편이나 발표했고, 불과 20대 초반의 나이에 아인슈타인이 내놓은 상대성 이론의 수학적 기초와 물리적 의미에 대해 명쾌하게 분석한 해설서를 써내며 과학계의 격찬을 받았다.

당시만 해도 상대성 이론은 물리학 분야에서 가장 고차원적이고 복잡한 이론이었다. 믿을 수 없을 정도로 어린 나이에 이 난해한 학문을 깊이 이해할 수 있었던 파울리의 공부 비결은 무엇일까?

파울리의 성격은 다소 괴팍했다고 전해진다. 자신보다 이론이 부족한 후배 학자들에게 모진 말을 아끼지 않는 독설가였고, 어린 시절부터 혼자서 물리학 이론을 공부해왔기 때문에 연구 방식 역시 개성이 뚜렷했다. 그는 명석한 두뇌와 경이적인 이해력을 가졌지만, 이론 물리학을 전공해 실험과는 거리가 멀었다. 심지어 '파울리가 실험실에 들어오기만 해도 실험 장비가 고장 난다'는 뜻의 '파울리 효과'라는 말이 만들어지기도 했다. 개성이 강한 성격 덕분이었을까? 그는 이미 어린 시절부터 자신이 무엇을 좋아하는지, 그리고 무엇을 잘할 수 있는지를 확실하게 알고 있었다.

독일의 중등 교육 기관 김나지움Gymnasium에서 본격적으로 물리학 공부를 시작한 파울리가 가장 자주 간 곳은 학교가 아니라, 오스트리아 수도에 있는 빈 대학 물리학과 건물이었다. 당시 빈 대학에는 상대성 이론 연구의 최고 전문가로 평가받고 있던 에르빈 슈뢰딩거Erwin Schrodinger와 한스 티링Hans Thirring이 수학하고 있었다. 불과 스무 살도 되지 않았던 학생 파울리는 학교 수업 시간에 아인슈타인의 논문을 책상 밑에 몰래 숨겨두고 읽을 정도로 상대성 이론에 심취해 있었다. 자신이 무엇을 좋아하는지 명확하게 깨달았던 이 어린 물리학 수재는, 아인슈타인과 함께 현대 물리학의 역사를 쓴 거물 과학자들을 만나기 위해 하루가 멀다 하고 빈 대학을 찾아갔다.

1918년 9월, 파울리는 김나지움을 졸업하자마자 '중력장'에 관한 생애 첫 논문을 발표했다. 그의 나이는 만으로 18세였고, 당시 이 분야의 논문을 게재한 전문 연구자는 슈뢰딩거와 티링밖에 없었다. 자신의 재능과 관심사를 일찌감치 발견한 파울리는 '자신만의 공부법'을 찾아내 믿기 어려울 정도로 어린 나이에 전문 물리학자의 반열에 올랐다.

만약 그가 동일한 교육 과정을 수료하고, 대학 졸업장을 따야만 '학업'을 인정해주는 한국 사회에서 공부했다면, 이처럼 위대한 과학자로 성장할 수 있었을까? 아마 불가능했을 것이다. 한국 사회가 똑똑한 영재들을 자신의 개성과 취미에 맞게 자유롭게 공부하도록 내버려두지 않기 때문이다. 이런 폐쇄적인 사회에서는 10대가 논문을 쓰는 일조차 허락하지 않을 것이다.

사람마다 손의 지문이 모두 다르듯 공부법도 다르다. 모든 사람에게 공통적으로 적용할 수 있는 완벽한 공부법이란 있을 수 없다. 그래서 다양한 공부 방법과 습관을 이리저리 재조합해 자신에게 가장 어울리는 '공부법'을 재구성해야 한다. 파울리는 그것을 해냈다. 그는 공부할 때 자신이 어떤 생각을 하는지, 어떤 기분으로 공부를 하는지, 무엇을 할 때 공부가 가장 잘되는지 등을 면밀히 파악한 뒤 '다음의 공부'에 응용함으로써 학습 효과를 극대화했다.

무리에 속해 남들과 똑같이 공부하지 않고 혼자만의 방식을 개발해 공부한 사람은 파울리와 같이 다른 사람들이 미처 보지 못한 부분을 포착하는 독자적인 관점을 가질 수 있다. 또 남이 가지 않은 길을 탐구할 수 있는 기회도 얻을 수 있다.

그리고 또 한 사람, 20세기 미국의 가장 위대한 물리학자로 손꼽히는 리처드 파인먼Richard Feynman은 자신의 책 『파인먼 씨 농담도 잘하시네!』와 『남이야 뭐라 하건!』을 통해 타인의 시선을 신경 쓰지 않는, 자유분방하고 유쾌한 성격을 드러냈다.

파인먼 역시 늘 남과 다른 생각, 남과 다른 방식, 남과 다른 체험을 가장 중요한 가치로 여겼다. 심지어 그는 금고의 비밀번호를 맞히는 놀이를 취미로 즐겼고, 고대 문자를 해석하는 방법을 독학해 동료 과학자들에게 설명해주기도 했다.

그리고 파인먼에게는 수학이 일종의 취미 활동이었다. 어렵고 부담스러운 연구 대상이 아니라 가벼운 마음으로 즐길 수 있는 취미 중 하나였던 것이다. 그는 운전을 하면서도, 침대에 누워서도,

거실에 앉아서도 미적분을 공부했다.

> 물리는 나의 유일한 취미다.
> 그리고 그것은 나의 일이자 오락이기도 하다.
> 내 노트를 보면 알 수 있듯이
> 나는 자나 깨나 항상 물리에 관한 문제를 생각했다.

동서양의 수많은 공부 천재와 마찬가지로 파인먼 역시 공부를 바라보고 대하는 시각이 남달랐다. 그의 표현을 빌리자면 파인먼 자신은 문제를 풀지 않고 '느꼈다'고 한다. 문제를 푼다는 것은 답을 찾는다는 뜻이다. 하지만 파인먼에게 중요한 건 '정답'이 아니라 그것을 찾아가는 다양한 '과정'이었다. 그는 이렇게 말했다.

> 수학은 우리가 본질이라고 이해한 것을
> 표현하는 방식일 뿐, 이해의 대상은 아니다.
> 나는 정답을 찾기 위해 수학 문제를 풀지 않는다.
> 그저 어떤 그림 같은 것이 눈앞에 나타났다가
> 시간이 흐를수록 정교해졌다.
> 내가 한 일은 그것을 쳐다보는 것뿐이었다.

한순간에 독방의 사형수로 전락할지라도, 지독한 우울증이 몸과 마음을 잠식해버려도, 세상 모두가 인정해주지 않아도 그들이 끝까지 공부를 놓지 않았던 이유는 무엇이었을까? 자신을 둘러싼 상황과 한계를 딛고 일어나 자신은 물론 세상까지 변화시킨 사람들. 그들을 공부하게 만든 참된 목적과 동기를 만나보라.

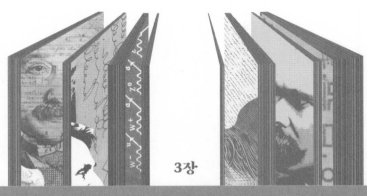

3장

한계를 딛고 시대를 구한 공부의 거장들

공부는 의미 있는 삶을 사는 방법이다

마리 퀴리(1867~1934년)

어떠한 희생을 치를지라도
도달해야 할 목표가 존재한다는 사실을 명심하라.

마리 퀴리Marie Curie는 폴란드와 프랑스 양국의 국민적인 과학
영웅이자 노벨상을 수상한 최초의 여성이다.

폴란드 바르샤바에서 태어난 마리는 여자가 대학에 진학하는 것
을 허용하지 않았던 조국을 떠나 프랑스에서 교사로 일하며 공부
를 이어갔다. 소르본 대학에 다니던 시절 만난 마리의 남편 피에르
퀴리Pierre Curie는 일찍이 그녀의 천재성을 알아본 든든한 조력자였
다. 결혼 후 남편과 함께 본격적으로 방사능 연구를 시작한 마리는
1898년, 방사성 원소 '라듐'과 '폴로늄'을 발견해냈다. 그러나 라
듐의 실체를 증명할 수 있는 증거물이 없었던 터라 당시 과학계에

서는 그녀의 위대한 발견을 인정해주지 않았다.

마리와 그녀의 동료들은 낡은 창고 안에서 녹슨 기계들을 사용해 더욱더 연구에 매달렸다. 결국 라듐을 발견한 지 4년 만인 1902년 9월, 장기간의 고된 제련 작업 끝에 마리는 순수한 라듐을 분리하고 그 원소의 존재 사실을 밝혀내는 데 성공했다.

그녀는 라듐과 폴로늄을 발견한 공로로 남편과 함께 노벨 물리학상을 받았고, 그 뒤 라듐을 분리한 업적을 인정받아 노벨 화학상을 수상했다. 한 사람이 노벨상을 두 번이나 받은 사례는 마리가 처음이었다. 심지어 그의 장녀인 이렌 졸리오퀴리Irène Joliot-Curie와 사위 장 프레데리크 졸리오퀴리Frédéric Joliot-Curie도 노벨상을 받았는데, 모녀가 함께 노벨상을 수상한 것 역시 역사적으로 유례가 없는 사건이다.

하지만 단순히 남들이 몰랐던 원소를 발견했다는 업적만으로 그녀를 높이 평가해서는 안 된다. 우리는 종종 어떤 사람을 평가할 때 큰 목표를 달성해 높은 자리에 올랐거나 막대한 부를 획득했다는 사실만으로 그 사람을 특별한 존재로 여기고 기억한다. 이는 다분히 결과주의적인 사고다. 정말로 높이 평가받고 칭송받을 만한 공부는 결과보다는 '과정'에, 출세나 명예보다는 '참된 자아실현'에 더욱 중점을 두어야 한다. 진정한 공부의 의미는 자신의 한계와 상황을 뛰어넘어 세상에 이바지하고, 많은 사람에게 도움을 주는 데 있다. 이러한 '공부의 정신'을 보여준 대표적인 인물이 바로 마리 퀴리다.

마리 퀴리가 이룩한 연구 성과는 당시로서는 엄청난 사건이었다. 그녀가 발견한 라듐 원소를 특허로 신청하면 추산조차 할 수 없을 만한 막대한 돈을 손에 쥘 수 있었다. 하지만 마리는 그 제안을 단호히 거절했다.

> 라듐은 하나의 원소이며
> 저만의 것이 아니라 모든 사람의 것입니다.

마리가 이루고자 했던 연구의 목적은 개인적인 성취나 부의 축적이 아니라, 인류 전체의 발전이었다. 결코 돈과 명예를 위해 그토록 힘들게 연구한 것이 아니었다. 그녀의 삶은 비록 궁핍하고 힘들었지만, 공부와 연구를 향한 순수한 열정만큼은 그 누구보다도 크고 위대했다.

> 나는 내가 원했기 때문에
> 그저 연구를 사랑했기 때문에

그토록 많은 시간을 과학에 쏟아부을 수 있었다.

자신이 평생 노력하고 고생한 덕분에 이제야 겨우 기회가 찾아왔는데, 특허권에 사인만 하면 평생 살 수 있는 집이 생기고 남은 생애를 마음껏 누릴 수 있는 돈도 생기는데, 그것을 단호히 마다할 수 있는 사람이 있을까? 그 누가 돈과 명예라는 보상 없이 끝까지 공부에 매진할 수 있을까?

이러한 마리의 공부 의욕은 자녀들에게도 그대로 영향을 미쳤다. 딸 이렌은 어머니의 삶과 공부 정신을 본받으며 자랐다. 부모가 먼저 공부하는 모습을 보이면 자녀 역시 자연스럽게 공부와 친해진다. 이렌은 어머니 마리를 회상하며 이렇게 말했다.

성공의 비결 중 하나는 어떤 직업을 가졌든지
자신의 재능을 즐기면 된다는 것이다.

마리가 지금과 같이 돈과 출세만이 가치 있다고 평가받는 사회에 살았다면, 그토록 끝까지 연구 활동을 이어나가지 못했을 것이다. 실제로 현재의 많은 사람이 공부를 '재산 축적의 수단'으로만 여기고 있다. 공부의 참된 의미와 목적을 상실한 채 단순히 지식

쌓기 경쟁만 벌이고 있다. 그러니 1등만 박수를 받고 2등은 늘 기억되지 않으며 꼴찌는 손가락질 받는다.

마리는 자신의 공부와 연구 활동이 세상을 더욱 이롭게 만들 것이라고 확신했다. 그리고 자신의 공부 철학을 이렇게 이야기했다.

인생의 그 어떤 것도 두려움의 대상이 아니다.
다만 이해해야 할 대상이다.

정답을 찾는 비밀은 당황하지 않고 서두르지 않는 것이다.

사실 마리 역시 한순간의 실수로 인생에 오점을 남기기도 했다. 남편 피에르가 마차 사고로 죽은 이후, 남편의 제자였던 유부남과 사랑에 빠진 일이 세상에 알려진 것이었다. 하지만 그녀는 순간의 실수에서 빠르게 벗어나 다시 의미 있는 인생을 살아갔다.

제1차 세계대전이 발발하자 마리는 '이동 X선 촬영 장비'를 만들어 부상병들을 치료하는 데에 앞장섰다. 연구비를 마련하기 위해 미국으로 건너가 기자들과 함께 모금 운동을 벌여 연구를 이어나가기도 했다.

그녀는 노벨상을 두 번이나 받았음에도 평생 가난에서 벗어나지 못했다. 그나마 말년에 프랑스 정부로부터 국가 훈장을 받아 종신 연금으로 삶을 꾸려나갈 수 있었고, 이 적은 돈으로 노년에는 오직 공부와 연구에만 전념했다. 그리고 1934년, 오랜 세월에 걸쳐 방사능에 노출된 탓에 '재생 불량성 빈혈'이라는 병으로 세상을 떠나고 말았다.

결국 마리 퀴리에게 공부란 개인적인 돈벌이와 성공을 위한 수단이 아니었다. 인류 전체를 구원함과 동시에 스스로 의미 있는 삶을 살기 위한 도구였던 셈이다.

독방의 사형수에게도 공부는 희망이다

보에티우스(미상~525년경)

> 많은 사람이 바라고 찬양하는 것은
> 본래의 나를 찾는 궁극의 길이다.

서구 기독교 사회에서 성경 다음으로 많이 읽힌 책은 무엇일까? 바로 6세기경에 집필된 책 『철학의 위안』이다. 이 책은 단테 알리기에리Dante Alighieri, 제프리 초서Geoffrey Chaucer, 토마스 아퀴나스Thomas Aquinas 등 시대를 대표하는 지식인들에게 사상적 영감을 주었으며, 오랫동안 대중을 계몽시키기도 했다. 행복의 본질을 다룬 고전 중 가장 심오한 서적으로 평가받는 이 책의 저자는 누구일까? 바로 고대 로마 제국의 정치가이자 철학자인 보에티우스Boethius다.

로마의 귀족 가문에서 태어난 그는 문학, 철학, 산술학, 기하학,

천문학, 음악 등 다양한 분야의 학문을 두루 교육받은, 당시로서는 상당한 특권층이었다. 20대 후반이라는 젊은 나이에 집정관으로 임명되어 유망한 정치가로 이름을 날렸고, 로마 원로원으로부터 존경을 받는 성실한 신학자이자 철학가이기도 했다. 로마가 기독교를 공인한 후 사회가 커다란 변화에 휩싸였을 때에도 보에티우스는 자신의 지위를 유지했으며, 최고위 행정사법관 자리에 오르기도 했다.

그러나 그의 화려하고도 순탄한 삶은 갑작스럽고 허무하게 종지부를 찍었다. 반역죄로 고소당한 전 집정관 알비누스Albinus의 결백을 변호하다가 오히려 자신이 원로원과 왕실로부터 반역 혐의를 받아 감옥에 갇히게 된 것이다. 그는 자신의 불우한 처지를 『철학의 위안』에서 이렇게 표현했다.

> 한때 행복하고 파릇파릇했던 젊은 시절의 영광으로
> 지금은 슬픈 늙은이의 운명이 위로받는다.
> 불행을 겪으며 노년이 생각지도 못하게 서둘러 찾아왔고,
> 슬픔도 자신의 나이를 내게 주었다.
> 너무 일찍 찾아온 백발이 이마에서 흘러내리며
> 육신이 소진되어 피부가 주름져 떨리는구나.

명문가에서 태어나 남부럽지 않은 교육을 받고, 대중의 인기를 얻어 세상 모든 것을 누리던 사람이 하루아침에 두려움과 절망, 분노로 가득 찬 독방의 사형수로 몰락해버렸다. 그의 삶에선 더 이상 희망과 기회가 보이지 않았다.

이런 상황에서 대다수의 사람은 불행한 운명을 받아들이고 삶을 체념하거나, 정신을 놓은 채 비참한 최후를 맞이할 것이다. 하지만 보에티우스는 달랐다. 그는 차가운 독방에서 글을 쓰기 시작했다. 비록 육체는 사방의 벽에 갇혔지만, 정신만큼은 자유롭고자 애썼다. 세계 3대 옥중 문학으로 평가받는 『철학의 위안』은 이러한 절망 속에서 탄생했다. 그는 예고도 없이 나락으로 곤두박질친 자신의 삶에서 끝까지 사라지지 않고 남아 있는 것이 무엇인지, 그리고 자신이 죽기 전까지 붙들고 놓지 말아야 할 일이 무엇인지 절박하게 고민했다.

뼈를 파고드는 물음 끝에 그가 찾은 답은 바로 철학 공부였다. 보에티우스는 옥에 갇혀 자유를 억압받기 전에도 늘 삶의 진리란 무엇인지, 우주의 질서는 어떻게 작동하는지 등 세상의 근본적인 물음에 관심이 풍부했던 철학자였다. 그는 아무도 없는 텅 빈 독방에서 철학을 벗 삼아 자신의 억울함을 호소했다. 처음 그의 공부는 슬픔과 분노, 탄식과 근심으로 가득했지만 마침내 철학은 그의 울부짖는 호소에 응답했다.

보에티우스가 생존했던 당시만 해도 세계는 신이라는 절대자에 의해 작동되는 암흑의 시대였다. 그 누구도 이성적인 고민과 성찰을 시도하지 않았고, 인간의 눈에 보이지 않는 현상은 모두 신의 섭리나 저주 따위로 오인되고 왜곡되었다. 하지만 감옥에 갇힌 쓸쓸한 죄수 보에티우스는 공부를 통해 그러한 미신적 사고방식에 의문을 던졌다.

이 세상은 우연에 의해 움직이는가?

만물은 어디에서 왔고, 어디로 가는가?

세상의 이면에는 어떤 원리가 작동하고 있는가?

사람은 무엇인가?

우리는 왜 사는가?

보에티우스는 깜깜한 감옥에서 치열하게 사유하고 고민하며 철학했고, 그 공부의 결과를 책으로 옮기며 스스로 상처를 치유했다. 부귀, 권력, 명예 따위는 그에게 아무런 의미가 없었다. 온전히 자기 자신을 위해 시작한 공부였고, 깨달음을 만끽하기 위한 자문자

답이었다. 단단한 벽이 그의 육신은 가뒀을지 몰라도 공부의 희열을 맛본 그의 영혼만큼은 함부로 억누르지 못했다.

이 위대한 영혼은 훗날 중세인들에 의해 "중세를 만든 뼈 중의 뼈이자 살 중의 살"이라는 극찬을 들으며 서양 철학사에 가장 큰 영향을 미친 위인의 반열에 올랐다. 보에티우스는 내일 당장 사형을 당할지도 모르는 최악의 상황에서도 끝까지 펜을 놓지 않았다. 자신을 넘어 감옥 바깥의 사람들에게 철학의 본질을 일깨우고 위로를 건네기 위해 계속 책을 써나갔다. 이렇게 탄생한 『철학의 위안』은 중세 프랑스어로만 거의 1000편 가까이 번역됐고, 여전히 불안과 고독에 빠진 현대인들이 가장 먼저 찾는 고전으로 사랑받고 있다.

참된 공부를 실천하는 사람은 작은 성공과 실패에 일희일비하거나 날뛰지 않고, 절망적인 상황이 닥칠지라도 요동하지 않으며, 의연한 모습으로 공부를 이어나간다. 보에티우스의 삶은 한여름 밤의 꿈과 같았다. 그리고 그는 '화려했던 삶'에서 '독방에서의 삶'으로 추락하는 생생한 경험을 통해 높은 지위와 대중의 존경, 넘치도록 많은 부와 재물이 행복과는 전혀 관계가 없다는 것을 몸소 증명했다.

철학은 자신의 독자들을 신의 정신으로 이끌고서는
그것으로 자신의 소임을 마무리한다.

독방의 사형수 보에티우스가 남긴 이 말은 공부로 쌓은 그의 위
대한 업적에 비하면 지나치게 겸손한 말이지만, 이제 막 공부를 시
작한 이름 없는 누군가에게는 더할 나위 없이 훌륭한 가르침이다.

수천 번 좌절해도
공부만은 포기할 수 없다

에이브러햄 링컨(1809~1865년)

> 긍정적인 태도는 강력한 힘을 지닌다.
> 아무것도 그것을 막을 수 없다.

미국의 제16대 대통령 에이브러햄 링컨Abraham Lincoln은 평생을 우울증으로 고통받은 연약한 인간이었다. 그는 남북전쟁을 끝내고 미국을 통합했으며 흑인 노예 해방을 선언한 위대한 대통령이었지만, 한 나라의 수장이 되기 전까지의 삶은 무척이나 비참하고 쓸쓸했다고 전해진다.

실제로 그는 정규 교육을 거의 받지 못했다. 인정받지 못하는 남편으로 불행한 결혼 생활을 이어갔고, 자신보다 먼저 떠난 두 아들을 망연히 바라봐야 했다. 젊은 시절, 두 번의 사업 실패로 큰 빚을 떠안았다가 부채를 갚는 데에만 족히 17년이라는 세월이 걸렸다.

그의 정치 인생 역시 파란만장했다. 연이은 정치 실패로 자살 충동에까지 시달렸던 불운한 인간이었다. 실제로 그는 24세에 주 의회 의원 선거에서 낙선했고, 30세에는 의회 의장직에서 낙선했으며, 32세에 대통령 선거 위원에서 낙선했고, 36세에 하원 의원 공천에서 낙선했다. 48세에는 부통령 선거에서 낙선했고, 50세에 상원 의원 선거에서 낙선했다. 하지만 결과적으로 그는 이 모든 실패를 딛고 대통령에 당선됐다.

패배와 시련, 좌절로 점철된 삶이었지만 링컨은 끝내 꿈을 이루었다. 그리고 이러한 그의 집념은 그의 어린 시절에서 기인되었다. 15세가 될 때까지 링컨은 글을 쓰는 법도 배울 수 없을 만큼 열악한 환경에서 자랐다. 그러한 악조건 속에서도 그는 공부의 끈을 놓지 않았다.

저는 아는 게 별로 없었습니다.
하지만 읽고 쓰고 외우는 것은 계속해왔습니다.
그게 전부였습니다.
어릴 적 학교에 다닌 기억은 거의 없습니다.
다만 조금이라도 계속해서 지식을 쌓은 것은
세계 공부가 꼭 필요했기 때문입니다.

링컨은 초등학교를 겨우 9개월밖에 다니지 못했다. 학교에 다니지 못했던 시절에는 혼자서 책을 읽고, 만나는 사람들에게 질문을 하며 공부를 계속해나갔다. 그가 얼마나 지독하게 공부했는지, 또 어떻게 대통령의 자리에까지 오를 수 있었는지는 그의 자필 이력서를 보면 잘 알 수 있다.

나는 계속 배우면서 나를 갖춰간다.
언젠가는 나에게도 기회가 찾아올 것이다.

만나는 사람마다 배움의 기회로 삼았다.

내가 할 수 있는 것은
쓰기와 산술 정도가 전부였다.
학교에 다닌 적은 거의 없지만, 일기만큼은 쓸 수 있었다.
(…)
그다음에는 선거 운동에 참여했고,
그해에 주 하원 의원 후보로 지명됐지만 패배했다.
그 후 주 의회에서 활동하는 기간 동안
틈틈이 법을 공부하기 시작했다.

링컨은 읽고 쓰는 것을 자신에게 가장 적합한 공부 방법이라고 생각했다. 그래서 평생 책 읽기와 글쓰기를 손에서 놓지 않았다. 매일 성경을 읽으며 지혜를 구했고, 위인들의 필체를 그대로 옮겨 쓰는 연습도 게을리하지 않았다. 이러한 습관들 덕분에 링컨의 필체는 역대 대통령 중 가장 훌륭했다고 전해진다.

책 읽기를 사랑한 링컨은 이런 말을 남기기도 했다.

> 내가 가장 좋아하는 친구는
> 책을 선물하는 사람이다.

링컨이 변호사 시험에 막 합격했던 때에, 친구들은 그를 "자다가 새벽에 깨어 일어나보면 종종 링컨은 그때까지도 잠을 자지 않고 책과 씨름하고 있었다. 그는 보기 드문 책벌레였다"라고 회고하기도 했다.

그는 다른 무엇보다도 '태만'을 가장 혐오하고, '근면'을 인생 최고의 덕목으로 삼았다.

> 사람이 지켜야 할 최고의 법칙은 근면함이다.
> 내일이 오기 전에 오늘 해야 할 일을 모두 끝내야 한다.

누군가 그에게 성공의 비결을 묻자, 그는 "노력, 노력, 노력, 오로지 노력밖에 없다"라고 답하기도 했다.

링컨은 스스로 자신의 기질에 잠재된 우울을 잘 알고 있었다. 그것 때문에 오랜 시간 고통을 받았다. 그래서였을까? 어릴 적부터 자살과 광기를 노래한 시들을 많이 지었다. 자신의 괴로움을 사람들에게 호소하기도 했고, 때로는 장애를 있는 그대로 받아들이기도 하면서 마음의 병을 삶의 일부로 끌어안았다. 그는 오히려 불안을 느끼는 주변 사람들을 안심시키고자 먼저 농담을 던지며 긴장을 풀어주기도 했다. 링컨은 죽기 전까지도 우울증에 무릎 꿇지 않고 주체적인 삶을 살았다.

사실 우울증은 조금 회복되었다가 재발할 때가 가장 감당하기 힘들다. 일단 회복이 되면 지옥에서 천국으로 돌아온 기분이 들기 때문에 다시는 그러한 상태를 겪지 않으리라 다짐하고 기대하지만, 또다시 발병하면 이제는 더 이상 견뎌낼 수 없다고 생각하며 무너져 내리기 때문이다.

링컨도 마찬가지였다. 그는 우울을 이기지 못해 극단적인 선택의 순간에 내몰리기도 했다. 하지만 그럴 때마다 오히려 더 많은 짐을 짊어졌다. 온몸으로, 정면으로 부딪혀서 이겨내고자 했다. 그러한 방법이 바로 '공부'였다.

그는 '쓸모 있는 삶', '존경받는 삶'을 살고자 노력했다. 많은 시간을 홀로 사색하면서 자신이 살아야 할 이유를 찾았다. 그렇게라도 하지 않았다면 다른 우울증 환자들처럼 자살을 선택했거나, 비참한 삶을 살았을 것이 분명하다. 하지만 그는 우울증을 독서와 글쓰기로 이겨냈다.

정신분석학과 심리학 분야에서 금세기 가장 탁월한 학자 중 한 사람으로 평가받는 영국의 정신과 의사 앤서니 스토Anthony Storr는 책 『고독의 위로』에서 조용히 혼자서 자신을 성찰하는 '고독'의 치료 효과를 이야기했다. 세상으로부터 멀찍이 떨어져 자기 자신을 객관적으로 바라보면 병든 마음을 보살피고 치료할 수 있다는 것이다. 스스로에게 지속적으로 질문을 던지고, 반성하는 계기를 만들고, 그동안 애써 감추려고 했던 약점을 있는 그대로 드러내고 용서하려는 '고독의 시간'은 자신의 삶과 세상을 차분히 연결하고, 그 사이 어딘가에 있을 '나'를 탐색하는 과정이 된다. 고독은 그 자체로 삶의 요긴한 공부가 될 수 있는 것이다. 잠시 세속을 떠나 깊은 산속에서 수양하는 일과 같은 이치다.

링컨은 스스로를 세상으로부터 고립시키고, 고독한 시간 속에서 정신적 고통을 이겨냈다. 우울증이 만들어낸 무기력과 패닉, 두려움을 극복하고 다시 살아야 할 이유를 찾았다. 외모와 돈, 권력과 명예를 추구하기보다는 '인간다운 인간'이 되고자 노력했다. 우리 역시 링컨의 이런 점을 본받아야 하지 않을까.

강제 수용소에 갇혀서도 삶의 의미를 잃지 않고 인간의 존엄성을 탐구한 정신 의학자 빅터 프랭클Viktor Frankl은 "사람에게 진실로 필요한 것은 긴장 없는 상태가 아니라 보람 있는 목표를 위해 지속적으로 노력하고 투쟁하는 것이다"라고 말했다. 많은 사람은 '고민'을 제거해야 할 대상으로만 여긴다. 하지만 링컨과 빅터 프랭클의 삶, 앤서니 스토의 이야기를 볼 때 무언가를 치열하게 고민하는 고독의 시간이야말로 의미 있는 삶을 만드는 데 가장 큰 토대가 된다는 점을 알 수 있다.

링컨은 자신의 삶 속에서 '무슨' 일을 '왜' 하고 '어떻게' 해야 할지, 묻고 또 물으면서 흔들리는 자신을 붙잡았다. 꼭 도서관에서 혹은 학교에 앉아서 공부해야만 공부가 아니다. 링컨이 그러했듯 열악한 환경과 한계를 돌파해 끊임없이 자신을 담금질하는 것이 넓은 의미에서의 공부일 것이다. 자기 성찰에 대한 질문을 스스로에게 던짐으로써 삶의 의미와 목표를 되찾고, 그것을 달성하는 사람이 되어야 한다.

　링컨의 참된 공부는 자신을 변화시켰고 조국 미국을 변화시켰으며, 결국 세상까지도 변화시켰다. 19세기 러시아를 대표하는 위대한 작가 레프 톨스토이Leo Tolstoy는 "역사상 위대한 영웅과 위인들이 많았지만, 진정한 거인은 링컨 단 한 사람뿐이었다"라고 그를 회고했다.

스스로에 대한 확신은 독서에서 나온다

세종(1397~1450년)

> 고기는 씹을수록 맛이 난다.
> 그리고 책도 읽을수록 맛이 난다.

1418년, 조선의 세 번째 왕 태종은 궁중 생활에 잘 적응하지 못했던 양녕대군을 세자에서 폐위하고 셋째 아들이었던 충녕대군을 새로운 세자로 책봉했다. 이로부터 두 달이 지난 후, 갑작스럽게 왕위에서 물러난 태종의 뒤를 이어 충녕대군이 국왕의 자리에 올랐다. 조선의 500년 역사를 통틀어 최고의 성군으로 평가받는 세종의 이야기다.

세종의 삶을 관통하는 키워드 역시 '공부'였다. 그는 세자에 책봉되기 전에도, 세자에 책봉된 후에도, 심지어 임금의 자리에 오른 후에도 과거를 치르는 선비 못지않게 공부와 독서에 몰두한 사람이었다. 세종의 놀라운 통치력과 국가 경영의 힘은 모두 미친 듯한 공부 열정에서 비롯된 것이라 해도 과언이 아니다.

> 내가 지금도 독서를 그만두지 않는 이유는
> 다만 글을 보는 사이에 생각이 떠올라서
> 정사에 시행하게 되는 것이 많기 때문이다.

세종은 동서양의 모든 역사적 인물을 통틀어 급이 다른 공부를 했던 인물로 손꼽힌다. 그렇다면 우리의 공부는 어떠할까? 대다수의 사람들이 입시나 취업, 승진이나 합격 등 목표했던 일을 이루고 나면 공부를 손에서 놓아버린다. 아예 책을 읽지 않고 사는 사람도 많다. 지하철이나 카페에서조차 책 읽는 사람을 찾아보기 힘들고, 그나마 간간히 책을 읽는 사람들도 독서를 밥벌이쯤으로 생각한다. 독서는 우리 삶의 가치, 그 이상을 실현시켜주는 일임에도 말이다.

> 식사 중에도 좌우에 책을 펼쳐놓았다.
> 궁중에 있으면서 손을 거두고
> 한가로이 앉아 있을 때가 없었다.

그는 전깃불이 없던 그 시절, 한밤중에도 책을 읽었다. 임금이었지만 신하들에게 지시를 내리고 뒷짐만 지고 쉬던 사람이 아니었다. 세상에 나와 있는 책은 모조리 읽고 공부했다. 한 나라의 가장 높은 자리에 있었지만 그 누구보다도 고되고 치열하게 공부했다. "임금이라도 공부하지 않으면 아무 데도 쓸모가 없는 인간이 될 수밖에 없다"라는 사실을 깨달았기 때문이다.

『세종실록』에 의하면 그는 몸을 축내면서까지 밤새 공부에 몰입한 적이 많았다고 한다. 그리고 주변 사람들은 공부에 대한 세종의 열정과 자세를 좀처럼 이해하지 못했다. 그는 왕으로서의 교양을 갖추기 위한 수준을 넘어 더 심도 있게 공부에 미쳐갔다. 특히 할아버지인 태조는 세종이 공부하는 모습을 보고 심히 걱정하며 이런 말을 하기도 했다.

과거를 보는 선비라면 이와 같이 공부해야겠지만
어찌 임금이 그토록 애쓰느냐?

세종에게 공부는 단순히 지식을 쌓는 일이 아니라 '자세'와 '태도'를 가다듬는 문제였다. 자신에게 주어진 왕이라는 삶을 제대로 살아가기 위해 반드시 해야만 하는 것이었다. 세종은 공부를 하고 아는 것이 많아질수록 더 나은 세상을 만들 수 있고, 제대로 통치할 수 있음을 분명히 인지하고 있었다.

세종은 일찍이 공부의 중요성을 깨닫고 그것을 몸소 실현했을 뿐만 아니라, 다른 사람에게도 배우고 익히는 습관을 적극적으로 권하기도 했다. 그 일환으로 즉위 후에는 이른바 '사가독서賜暇讀書'라는 제도를 시행했다. 역사상 전무후무한 이 제도는 세종이 얼마나 공부에 많은 애정을 쏟았는지를 보여주는 증거다.

사가독서란 한마디로 젊고 유능한 문신들에게 주어지는 특별한 휴가로, 그 기간 동안에는 관청 공무에 관계없이 오직 공부에만 전념해야 하는 제도다. 일을 하는 대신 오로지 책만 읽으며 지식을 쌓도록 배려한 것이다. 게다가 이 제도는 유급 휴가로 시행되었다. 지금도 아닌 무려 600여 년 전인 조선시대에 이런 휴가가 존재했다니 놀랍지 않은가? 벼슬에 오르면 흥청망청 즐기고 싶은 유혹이 생기기 마련이다. 하지만 세종은 달랐다. 그는 공부의 참된 기쁨을 일찍이 맛보았고, 이러한 즐거움과 보람을 많은 사람에게 전하고자 했다.

세종이 세자에 오르기 전인 충녕대군 시절의 공부는 어땠을까? 『태종실록』에는 어린 시절 세종의 공부 자세가 상세히 설명되어 있다.

내가 신하들과 시 구절 잇기 시합을 할 때
어려운 경전의 구절들을 자유자재로 구사할 수 있었던 자는
충녕대군뿐이었다.

온 대궐이 꽁꽁 얼어붙은 듯한 추운 겨울밤에도
충녕대군은 밤을 새워 책을 읽곤 했다.
병이 날까 걱정되어 책을 빼앗아도
내 말을 도무지 듣지 않았다.

충녕대군은 천성이 총명하고 민첩하며
자못 배우기를 좋아하여
비록 몹시 추울 때나 더울 때에도
밤이 새도록 글을 읽고,
또한 정치에 대한 큰 흐름을 알아
매번 국가에 큰일이 생겼을 때 의견을 내었는데
그것이 모두 범상한 소견이었으며,
또 그중에 장차 크게 될 수 있는
자격을 지닌 자가 있으니
내 지금부터 충녕대군을 세자로 삼고자 하노라.

『세종실록』에도 그의 근면함과 학구열을 보여주는 많은 기록이 있다.

> 임금으로 즉위해서는 이른 새벽부터 옷을 입고
> 날이 밝으면 조참을 받고 정사를 살피고
> 윤대를 행하고 경연에 나갔는데
> 일찍부터 조금도 해이함이 없었다.

어릴 적부터 학문에 대한 열성이 대단해 늘 책을 끼고 살았는데, 심지어 몇 달 동안 앓아누워 있을 때에도 손에서 책을 놓지 않았다. 태종은 아들의 건강을 염려하여 신하들에게 책을 빼앗아 감추라고 지시했다. 그런데 요행히도 책 한 권이 병풍에 끼어 있어서 병상에 누운 채로 날마다 그 책을 천 번이나 되풀이해서 읽었다고 한다.

왕위에 오른 후에도 세종의 열성적인 공부 자세는 변함이 없었다. 아침 공부를 '조강朝講', 낮 공부를 '주강晝講', 저녁 공부를 '석강夕講'이라고 칭하면서 공부에 전념했다.

그가 행한 공부의 방법 역시 탁월했다. 세종은 신하들과 격의 없이 나누는 토론을 즐겼는데, 이 덕분에 당시 조선에서는 이전 시대에 비해 상대적으로 자유롭고 수평적인 토론식 정치 문화가 자리 잡을 수 있었다.

그가 신하들에게 가장 즐겨하던 말은 "서로 토론해서 보고하라"와 "함께 논의하자"였다. 공부든 정치든 세종은 타인과 의견을 나누며 생각을 교류하는 일을 진심으로 즐겼던 것이다. 그때까지 형식적으로 이루어지던 '경연經筵(임금이 신하들과 함께 학문이나 기술을 공부하는 자리)'을 활발한 토론의 장으로 만든 것도 세종이었다.

세종이 토론을 통한 공부를 얼마나 즐겼는지, 또 그것을 어떻게 국가와 백성을 다스리는 수단으로 활용했는지는 그의 경연 횟수를 살펴보면 알 수 있다. 기록에 따르면 태조 때는 23회, 정종 때는 36회, 태종 때는 80회 열렸던 경연이 세종 대에는 무려 1898회나 열렸다고 한다. 왕이 직접 경연에 참여한 횟수가 선왕들에 비해 압도적으로 많았다는 것은 그의 삶이 얼마나 공부와 맞닿아 있었는지를 잘 알 수 있는 대목이다. 세종이 마련한 토론 문화는 후대에까지 자연스럽게 이어져 조선의 번영을 이끌었다.

세종은 독서법 또한 남달랐다. '백독백습白讀白習', 이른바 한 권의 책을 백 번 읽고 백 번 쓰면서 온전히 자신의 것으로 만들었다. 조선을 통치한 27명의 왕 중에서 가장 짧은 기간 동안 왕세자 교육을 받았지만, 공부를 대하는 자세와 태도만큼은 그 누구보다도 진지하고 열성적이었다. 흥미로운 점은 가장 오랜 기간 왕세자 교육을 받은 왕이 연산군이라는 사실이다. 연산군은 신하들에 의해 폐위된 몇 안 되는 조선의 군주이자, 한국사에서는 폭군의 대명사로 알려진 인물이다. 이것이 보여주는 교훈은 무엇일까? 아무리 일찍부터 공부를 시작하고 많은 지식을 쌓았다고 해도, 자신을 넘어서는 진짜 공부를 스스로 하지 않으면 득보다는 오히려 해가 된다는 점을 일깨워주는 것이 아닐까?

> 읽기는 다 읽었으나 또 읽고 싶다.

> 책을 제대로 읽지 않고 그 내용을 성찰하지 않았으면서
> 지레짐작으로 책의 뜻을 헤아리려 하는 것은
> 책을 한 장도 읽지 않는 것보다
> 오히려 더 해롭다.

『세종실록』에 남아 있는 세종의 말이다. 세종처럼 평생 책을 손에서 놓지 않고 끊임없이 자신을 갈고닦는 '수불석권手不釋卷'의 자세가 공부하는 사람이 지켜야 할 가장 기본적인 자세이자 태도일 것이다. 아무리 시대가 변하고 새로운 기술이 발명되어도 공부의 근원은 독서뿐이다.

세종에게 공부란 형편이나 환경을 뛰어넘어 평생토록 매달려야 할 대상이었고 인생이었으며, 역사에 빛나는 위대한 왕으로 다시 태어나게 해준 원동력이었다.

세계에서 가장 많은 노벨상 수상자를 배출한 유대인, 경쟁 없는 행복한 공부로도 높은 학업 성취를 이룬 핀란드인, 최고의 IT 전문가로 실리콘밸리에서 맹활약하는 인도인. 과연 그들의 공부는 우리의 공부와 무엇이 다를까? 그들의 사회 저변에 깔려 있는 공부에 대한 인식을 보면 앞으로 우리가 나아가야 할 공부의 방향이 보일 것이다.

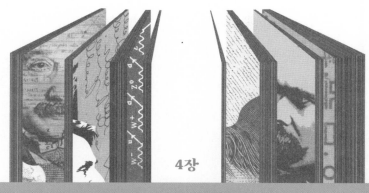

4장

남다른 공부로 세상을 바꾼 민족들

공부는 질문과 논쟁 속에서 완성된다

유대인의 공부법

> 유대인 세 명이 모이면
> 세상이 변한다.
>
> • 유대인 속담

　온갖 역사적인 부침을 겪으면서도 작지만 강력한 공동체를 이루어온 유대인의 기원을 찾기 위해서는 수천 년 전 고대 중동으로 거슬러 올라가야 한다. 대략 기원전 2000년 즈음, 메소포타미아에 거주하던 히브리인들이 팔레스티나로 이주하면서 유대인의 길고 긴 방랑의 역사가 시작되었다. 수많은 박해와 탄압 속에서도 꿋꿋이 민족적 단일성을 유지해온 유대인은 현재 세계의 주요 도시 곳곳에 진출하여 금융 경제와 과학 산업의 배후에서 막강한 영향력을 행사하고 있다.

　유대인의 인구 규모는 전 세계 인구의 0.2퍼센트 정도에 불과하지만, 그들은 역대 노벨상 수상자의 30퍼센트 이상을 차지하고 있다. 아인슈타인 역시 유대인이고, 아이비리그 학생의 30퍼센트가 유대인이며, 화가 마르크 샤갈Marc Chagall, 피아니스트이자 지휘자인 레너드 번스타인Leonard Bernstein 등 예술가들은 물론 세계를 움직이는 언론인, 금융인, 기업인이나 억만장자의 30~40퍼센트가량이 유대인 출신이다. 어떻게 이런 일이 가능한 걸까? 유대인의 지능지수가 다른 민족에 비해 유난히 좋은 걸까? 단순히 높은 지능지수 때문에 문명의 다양한 분야에서 최고의 자리에 오를 수 있었을까? 사실 유대인의 선천적인 지능지수는 그리 높지 않으며, 후천적인 환경의 영향과 교육에 의한 결과라고 보는 시각이 지배적이다.

유대인이 이토록 세계적으로 영향력 있는 민족이 될 수 있었던 첫 번째 비밀은 그들의 오랜 이주 역사에서 찾을 수 있다. 실제로 뇌의 능력은 주변 환경에 많은 영향을 받는다. 기본적으로 뇌의 작동 시스템은 무척 게으른데, 만약 주변의 환경이나 생활 조건이 정적이고 편안하다면 그러한 조건에 맞춰져 적당한 능력만 발휘하고 만다. 뇌는 안정을 찾으면 계속해서 쉬고 싶어 하는 성질이 있다. 편하고 효율적으로 움직이는 법을 알면 그때부터 뇌는 가장 최소한의 활동만 한다.

그런데 유대인은 오랜 시간 동안 끝없이 이주해온 '유랑민'이다. 어쩔 수 없이 다양한 문화와 환경을 온몸으로 겪고 돌파해오며 살았기 때문에 '천성이 게으른 뇌'가 부단히 움직일 수밖에 없었고, 주변 상황에 스스로를 적응시킬 수밖에 없었다.

두 번째 비밀은 유대인 특유의 교육법에서 찾을 수 있다. 예로부터 유대인은 주입식 교육을 멀리했다. 유대 사회에서 가장 중요한 교육 시스템은 '학교 교육'이 아닌 '가정 교육'이다. 유대인의 가정 교육은 지식을 전수하고 가르치는 것에서 끝나지 않는다. 아이로 하여금 '어떻게 하면 지혜를 얻을 수 있는지', 즉 물고기를 잡아주는 것이 아니라 평생 혼자서도 물고기를 잡을 수 있는 방법을 가르친다. 이들은 어머니와 아버지가 담당하는 교육의 영역을 엄격하게 분리하기도 했는데, 예를 들어 유대인 어머니의 역할은 다음과 같다. '하브루타Havruta'라는 교육법으로 언제 어디서든 열린 질문을 던지고 대답을 이어나가면서 자녀들이 스스로 지혜를 얻고 사유하도록 만든다.

"만약에 적이 쳐들어오면 무엇을 가지고 도망가겠니?"

"음, 값이 나가는 돈이요."

"그보다 훨씬 더 중요한 것이 있단다. 모양도 없고 냄새도 나지 않지만, 가장 소중한 것이 따로 있단다."

"그게 뭔데요?"

"보잘것없는 사람에게 명예를 선물하고, 가난한 사람을 부자로 만들고, 시련을 당할 때 극복할 수 있는 길을 가르쳐주는 거지. 그것은 바로 '지혜'란다."

그리고 이러한 유대인들의 지혜를 집대성한 책이 우리가 흔히 알고 있는 책 『탈무드』다. 『탈무드』는 총 20권에 1만 2000페이지이자 250만 개 이상의 단어로 이루어진 엄청난 양의 경전으로, 유대인이 공동체 생활을 시작하면서 겪게 된 삶의 고민과 역경, 이웃 간의 갈등, 자녀 교육에 관한 지혜를 오랜 기간 모아서 문서화한 일종의 빅데이터다. '탈무드Talmud'라는 말의 뜻은 '배움'이다. 우리에게는 정수만 요약된 한 권의 짧은 책으로 익숙하지만, 그 원본은 유대인이라는 민족의 모든 역사가 기록된 수십 권짜리 백과사전이다. 하지만 워낙 많은 유대인 랍비(유대 사회에서 각종 율법을 연구하고 보존하는 종교적 스승)가 숱한 판본을 만들어서 전파했기 때문에 구체적이고 유일한 원본은 알 수 없다.

유대인 부모들은 청소년기의 자녀들을 유대인의 전통 교육 기관인 '예시바Yeshiva'라는 곳에 보내 짧게는 1년, 길게는 5년 정도를 머무르게 한다. 그리고 이곳에서 아이들은 잠자는 시간을 빼고는 온종일 『탈무드』를 읽는다. 어떠한 통제나 체벌도 존재하지 않지만, 아이들은 군인보다 더 일사분란하게 움직이며 오로지 독서에만 집중한다. 그리고 어느 정도 지식을 갖추었다고 판단되면 '탈무드식 논쟁'을 시작한다.

　방식은 간단하다. 두 명씩 짝을 지어 한 가지 주제에 대해 격렬한 논쟁을 벌인다. 상대방의 허점을 사정없이 공격하고, 허점이 있다면 서로 보완해 더 나은 대안을 도출한다. 학교이자 도서관이지만 이곳은 마치 시장이나 술집처럼 시끌벅적하다. 책을 쌓아놓고 고개를 파묻은 채 달달 외우는 사람도 없으며, 그 흔한 칸막이조차 찾아볼 수 없다. 주입식 교육에 익숙한 사람들은 이러한 논쟁식 공부를 어른이 되어서도 힘들어한다. 논쟁은 내가 충분히 알고 있다고 생각했던 지식을 입 밖에 꺼냄으로써 나의 부족함을 깨닫고, 반대로 내가 잘 모르는 것에 대해 경청하는 습관을 체득할 수 있는 가장 좋은 공부법이다. 유대인은 이러한 공부법을 통해 통찰력과 분석력, 이해력을 극대화시킨다.

　유대인이 즐겨 말하는 속담 중에 "좋은 질문이 좋은 답보다 낫다"라는 말이 있다. 유대인 교육의 방향성은 '무엇'이 아니라 '어떻게'다. 그리고 그들이 후대를 향해 가르치고자 하는 메시지는 무척 단순하다.

> 남을 이기려 하지 말고 남과 다르게 생각하라.
> 그리고 남과 다른 사람이 되어라.

이것이 바로 수천 년 역사적 수난 속에서도 강력한 공동체를 유지하며, 세계에서 가장 큰 영향력을 미치는 유대인의 공부하는 힘이다.

같은 목표를 향해 공부하지 않는다

핀란드인의 공부법

남을 돕는 것이
너 자신을 돕는 최선의 방법이다.

• 핀란드 속담

경제협력개발기구OECD에서는 3년에 한 번씩 전 세계 학생들의
학업 성취도를 조사한다. 이를 '국제학업성취도평가PISA'라고 부르
는데, 이 조사에서 매년 1~2위를 다투는 나라가 있다. 바로 핀란드
다. 핀란드의 학생들은 2000년, 2003년, 2006년 3회 연속으로 국
제학업성취도평가에서 종합 1위를 기록했다. 그런데 더 놀라운 점
은 핀란드에는 우리나라에서 흔히 볼 수 있는 학원이나 과외, 가정
교사, 보충 수업, 숙제, 시험이 없다는 사실이다.

핀란드의 학생들은 평균적으로 방과 후 2시간 정도만 공부를 더
한다. 핀란드인은 공부를 싫어하는 아이에게 절대로 공부를 강요

하지 않는다. 일단 '왜 공부해야 하는지' 그 이유를 설명해주고, 스스로 모르는 것을 물어보고 책을 읽도록 유도한다. 억지로 시키면 그나마 갖고 있던 학습 의지마저 사라지고, 결국에는 공부와 담을 쌓게 될 것이라고 생각하기 때문이다. 그래서 핀란드에는 공부를 싫어하는 아이가 많지 않다.

공부를 하게 만드는 접근 방법 덕분일까? 핀란드인의 공부에 대한 인식은 한국이나 일본 등 동아시아권 나라들과는 비교할 수 없을 만큼 호의적이다. 70퍼센트 이상의 국민이 매일 1시간씩 독서를 한다. 도서관 이용률이 세계 1위(2016년 기준)이며, 평생 무언가를 배우고 익히고자 하는 공부 습관이 일상에 스며들어 있다.

그렇다면 구체적으로 핀란드 사회는 어떤 공부를 지향하고 있을까? 핀란드에서는 '사회적 구성주의' 이론을 공부법의 핵심 이론으로 삼고 있다. 이러한 관점은 단순히 지식이나 기능의 습득을 가장 최종적인 학습 목표로 삼는 '객관주의 이론'의 한계를 극복하기위해 고안되었다. 그리고 이를 실현하는 수업 방식이 '통합 수업'이다.

핀란드의 교실은 우등생과 열등생이 모두 같은 반에서 함께 공부를 한다. '영재반'이니 '명문대반'이니 학생의 성적을 기준으로 학급을 나누어 차별적인 수업을 진행하는 우리나라와는 매우 대조

적이다. 그리 큰 차이가 아닌 것 같지만, 이 사소한 차이가 교실의 풍경과 학습 효과를 완전히 뒤바꿔놓는다.

핀란드에서는 우등생이 열등생을 자발적으로 가르친다. 이는 단순히 지식의 전수만으로 끝나지 않는다. 서로 다른 학습 능력을 지닌 학생들이 함께 모여 작은 사회를 이루고, 그 안에서 서로의 공부 능력 차이를 경험한다. 자연스럽게 가르치는 그룹과 배우는 그룹이 조직되어 선생님이 없어도 스스로 학습 계획을 수립해 각자에게 가장 적합한 공부 방법을 찾게 유도한다. 이것이 바로 핀란드식 공부법의 핵심이다.

아이들은 학급이라는 작은 사회 안에서 자신의 장래를 고민하고, 동료와 협동하는 법을 배우며, 부모님이나 선생님이 아닌 본인이 직접 공부의 목표를 세우면서 능동적인 공부를 한다. 모든 것을 스스로 결정하는 과정을 통해 주도적으로 삶을 경영하는 방법까지 익힌다.

핀란드 교실에서 선생님은 학습 관리자가 아니라, 진로의 방향을 조언해주고 수업 진행을 돕는 도우미 역할만 할 뿐이다. 자신이 공부할 내용을 선택하여 결정하는 주체는 어디까지나 학생이다. 따라서 핀란드의 공부는 상대방을 이겨야 내가 살아남는 '경쟁'으로 치닫지 않는다. 자연스럽게 협동하는 법과 함께 더불어 살아가는 법을 배우는, 즉 공동체적 삶의 양식을 습득하는 과정이다.

학생 스스로 공부 목표를 결정하기 때문에 당연히 획일적인 시험도 없다. 공부 능력이 서로 다른 학생들을 같은 반으로 구성하다 보니, 학생들을 우등생이나 열등생으로 나눌 필요도 없다. 게다가 어떤 기준을 정해놓고 학생을 차별하고 분리하는 일이 옳지 않다는 신념을 아이들 모두 공유하고 있다. 물론 학생들의 공부 역량을 측정하는 도구들이 있지만, 이는 등급을 매기기 위함이 아니라 공부의 진척 정도를 확인하기 위한 수단일 뿐이다. 핀란드의 교육학자들은 이렇게 말한다.

우열반 편성은 장기적으로 볼 때
우등생에게도 열등생에게도 좋지 않다.

핀란드에는 '아야투스 카르타Ajatus Kartta'라는 공부법이 있다. 학교에서 활용되는 가장 기초적인 학습 도구로 일종의 '마인드맵 공부법'이다. 핀란드 학생들은 일상의 모든 것을 관계도로 표현한다. 사물이나 현상 그 자체에 집중하기보다는 그것들이 맺고 있는 관계의 의미를 탐구하고 유추하는 데에 공부 역량을 집중시킨다. 이러한 공부법 덕분에 핀란드 학생들은 자유로운 표현력과 상상력을 기를 수 있다.

무엇보다도 핀란드인은 자신이 배운 지식을 사회적 맥락 안에서 어떻게 사용할지를 늘 고민한다. 이러한 생각의 습관 덕분에 핀란드인의 공부는 단기적인 목표가 달성되었다고 해서 쉽게 끝나지 않는다. 핀란드인에게 공부란 무언가를 달달 외우고 평가받고 출세에 활용하는 '개인적 활동 수단'이 아니라, 사회 전체에 도움을 주고 나아가 그 이익을 다시 보상받는 '집단적 활동 수단'이다.

정답이 아닌 과정에 초점을 맞춘다

인도인의 공부법

공작의 머리 위 깃처럼
수학은 모든 지식의 머리에 앉아 있다.

• 인도 속담

　인도인의 평균 지능지수는 그리 높지 않다. 조사 방식에 따라 조금 다르기는 하지만, 전반적으로는 하위권에 머무르는 수준이다. 하지만 세계의 많은 나라가 인도의 우수한 IT 인재들을 경쟁적으로 영입하고 있다. 미국항공우주국NASA과 마이크로소프트, 실리콘 밸리 등 가장 뛰어난 수재들이 모인다는 곳에 인도인들이 대거 진출하고 있다. 미국에서 활동하는 과학자 중 12퍼센트가 인도계라는 통계도 있다.

　특히 인도의 젊은 천재들은 소프트웨어 분야에서 탁월한 성과를 거두고 있다. 미국을 제치고 세계에서 가장 많은 소프트웨어 개발자를 배출한 나라가 바로 인도이기 때문이다. 세계를 비추는 위성 사진을 실시간으로 확인할 수 있는 '구글어스Google Earth' 역시 인도 출신의 개발자가 만들었다.

어떤 이들은 IT 분야에서 인도인이 약진하는 이유를 '영어 집중 교육'에서 찾기도 한다. 하지만 생각해보면 영어를 모국어로 쓰는 나라는 인도 말고도 많다. 물론 인도가 초등학교부터 고등학교까지 모든 교육 과정을 영어로 실시하기 때문에 전 세계 어디로든 진출할 수 있는 기본 실력을 미리부터 갖춘다는 점은 부인할 수 없는 사실이다. 하지만 단순히 영어 교육 때문에 인도인이 탁월한 공부 성과를 이룩했다고 보기는 어렵다.

인도에서는 암기 위주의 기계적이고 수동적인 학습법을 교육 과정에 포함하지 않는다. 우리처럼 책에 나와 있는 내용을 그대로 외운 후 시험을 치고 평가하는 수업을 실시하지 않는다. 그들은 자신의 의견을 논리적으로 제시하고, 다른 이의 의견과 재결합하고, 재연결하고 또 재구성하고 재해석하는 공부를 한다. 그래서 인도에는 객관식 시험이 없다. 오히려 정답을 맞히는 공부보다는 문제를 풀어나가는 '과정'을 더욱 중요하게 여긴다. 반드시 문제 풀이의 전 과정을 답안지에 함께 작성하도록 한다. 이를 통해 인도의 학생들은 자기가 주장하는 바를 곰곰이 생각하고 서술하는 공부법을 자연스럽게 훈련한다.

이런 식의 문제 풀이 훈련에 가장 적합한 과목이 바로 '수학'이다. 인도는 수학이 하나의 문화이자 삶으로 자리 잡은 나라다. 한국에서는 초등학교에 입학하면 '구구단(9×9)'을 외우게 한다. 이와 달리 인도에서는 '19단(19×19)'을 가르친다. 물론 곱하는 숫자의 단위가 좀 더 커졌다고 해서 수학적인 사고력과 응용력이 단박에 향상되지는 않을 것이다. 19단을 외울 줄 아는 사람이 구구단을 외운 사람보다 당연히 기계적인 산수 실력은 더 뛰어나겠지만, 그것만으로 '수학을 잘한다'고 말할 수 없기 때문이다.

하지만 인도인들은 19단을 익히면서 두 자릿수 곱셈 정도는 즉시 연산해낼 수 있는 자신감을 기른다. 그리고 곱한 숫자를 일일이 암기하려고 노력하기보다는 두 자릿수 곱셈 법칙을 일상생활에서 자연스럽게 찾아내기 위한 탐구 활동을 한다. 바둑판을 이용해 연산을 해본다든지, 역발상으로 덧셈과 뺄셈을 응용해 답을 구해본다든지 하는 방법으로 수학을 '오락적 도구'처럼 가지고 논다. 이렇듯 수학을 대하는 접근 방식이 우리와는 근본적으로 다르며, 생활의 일부이자 놀이로 인식한다. 고대 수학의 기초를 인도인이 세웠다는 가설이 제기될 정도로 수학은 인도 문명의 근간을 이루고 있는 학문이다.

오랜 시간 인도 수학의 독창적 사고 체계를 연구한 엔도 아키노리遠藤昭則는 독창적인 발상과 빠른 계산력을 자랑하는 인도 수학의 기초를 소개하는 책『사고력 인도수학』에서 "사고를 유연하게 만들다 보면 숫자를 가지고 노는 방법을 터득할 수 있다"라고 말했다. 우리는 일반적으로 타인과 의사소통할 때 '언어'를 사용한다. 즉, 글을 쓰고 말을 한다. 여기에 더해 인도 사람들은 '숫자'를 일상생활에서 말과 글처럼 사용하고 있다.

인도인은 문제의 해결 방법을 모색하기보다는 문제의 본질을 이해하는 공부를 지향한다. 정답만을 찾기 위해 애쓰기보다는 문제의 의미와 풀이 과정을 이해하는 데에 더 많은 시간을 들인다.

정해진 답을 찾아내기 위해 공식만 달달 외우는 공부는 제대로 된 공부가 아니다. 인도인들처럼 사고력을 강화시키는 공부를 할 때 생각의 범위가 더욱 확장될 것이다.

우리도
기쁘게
공부할 수
있을까

2부

공부하는 삶은 우리에게 무엇을 가져다줄까? 공부를 통해 얻을 수 있는 이득은 단기적으로 성적을 향상시키거나 자격증을 따는 것과는 비교도 안 될 만큼 값지다. 큰 꿈을 꿀 수 있는 힘을 주고, 인생의 숱한 갈림길에서 헤매지 않을 지혜를 주며, 몸과 마음을 건강하게 유지할 수 있는 젊음을 주기 때문이다.

5장

공부하는 사람만이 누리는 6가지 이득

불가능한 현실을
가능한 미래로 만드는 쾌감

지적인 욕구가 있는 자만이 배울 것이요,
의지가 확고한 자만이 장애물을 극복할 것이다.

• 유진 윌슨

벼룩을 이용한 재미있는 실험이 있다. 실험용 통 안에 벼룩 키의
열 배쯤 되는 높이의 투명한 유리판을 설치한 뒤 벼룩을 집어넣으
면, 벼룩이 유리판을 뛰어넘으려고 안간힘을 쓴다. 결코 넘을 수 없
는 벽을 향해 수없이 몸을 부딪히면서도 계속 뛰어오른다. 다음 날
도, 그다음 날도 마찬가지다. 높이 뛰다 보면 언젠가는 유리판을 넘
을 수 있으리라는 '굳은 믿음' 때문이다.

하지만 날이 갈수록 벼룩의 시도는 점점 줄어든다. 그리고 어느
새 유리판을 치워놓아도 벼룩은 더 이상 뛰어넘으려고 하지 않는
다. 결코 넘을 수 없는 '현실'이 반드시 넘고야 말겠다는 '신념'을

압도해버렸기 때문이다. 아무리 노력해보아도 결코 현실을 바꿀 수 없다는 심리가 학습된 결과다. 이것을 일컬어 '학습된 무기력 Learned helplessness'이라고 말한다.

코끼리를 대상으로 한 비슷한 실험도 있다. 코끼리가 새끼일 때 발목에 가는 밧줄을 묶고 기둥에 매어놓는다. 아직 어리기 때문에 아무리 발버둥을 쳐봐도 기둥을 뽑을 수 없다. 그런데 기둥을 뽑을 수 있을 만큼 힘이 세지고 몸집이 커진 뒤에도 코끼리는 기둥 주변을 벗어나지 못한다. 아니, 시도조차 하지 않는다. 이 역시 학습된 무기력 때문이다.

비단 이 실험의 결과가 벼룩과 코끼리에게만 해당되는 걸까? 이런 모습은 우리 인간에게서도 자주 발견된다. 유리판과 기둥으로 상징되는 막막한 현실로 인해 우리는 좌절하고 포기하기 일쑤다. 자신의 한계마저도 스스로 명확하게 설정해버린다. 내면에 얼마나 큰 에너지가 숨어 있는지도 모른 채, 학습된 무기력에 의해 그저 주어진 삶에만 안주한다. 자신과의 싸움이 얼마나 힘든지 잘 알기에 거듭 도전하지 않는다.

공부는 우리를 새로운 지식의 세계로 이끌어주기도 하지만, 그전에 먼저 우리 스스로 설정한 내면의 한계를 딛고 일어나 생각의 벽을 허물어주는 역할을 한다. 여기에 공부의 진정한 기쁨이 있다.

진짜 공부가 시작되면 자신의 무지가 보이고, 아집이 보이며, 편협된 생각들이 보인다. 끝없는 자만에 빠졌던 스스로가 부끄러워지고, 비뚤어진 자아의 실체가 정확히 그 모습을 드러낸다. 그리고 이렇게 억눌리고 뒤틀린 과거의 나를 뛰어넘어 한 단계 더 성장하게끔 이끌어주는 수단이 바로 공부다.

프랑스의 실존주의자 장폴 사르트르Jean-Paul Sartre는 1943년에 출간한 자신의 책 『존재와 무』에서 이렇게 말했다.

> 인간은 주어진 존재가 아니라
> 스스로를 어떻게 만드는지에 따라
> 또 다른 모습을 갖는다.

영국의 형이상파 시인 중 한 사람인 헨리 본Henry Vaughan 역시 이와 비슷한 말을 남겼다.

> 자신을 더 나은 존재로 드높일 수 없는 사람이란
> 얼마나 가련한 존재인가!

세상에 태어나 존재로서의 이상을 펼쳐보지도 못하고 생을 마감

한다면 얼마나 슬플까? 톨스토이 역시 "자신의 모든 힘은 더 나은 사람이 되기 위한 노력에 쏟아부어야 하며, 다른 일에 절대로 낭비해서는 안 된다"라고 분명히 말했다.

'러너스 하이Runner's high'라는 말이 있다. 달리기를 계속하다 보면 숨이 차고 힘이 빠지지만 포기하고 싶은 그 순간을 극복하면 말로 표현할 수 없는 희열과 쾌감을 느낄 수 있다는 말로, 달리기 애호가들이 느끼는 도취감을 뜻한다. 이때의 쾌감을 느낀 사람들은 러너스 하이의 순간 "하늘을 나는 기분이었다", "꽃밭을 걷고 있는 기분이었다"라고 말하는데, 달리기와 마찬가지로 공부 역시 한계를 뛰어넘고 나면 러너스 하이 때와 같은 기분을 느낄 수 있다.

그리스의 수학자 아르키메데스Archimedes 역시 공부로 인한 최상의 쾌감, 즉 러너스 하이를 만끽했다. 고대 지중해 도시 시라쿠사의 왕 히에론 2세로부터 엄명을 받은 아르키메데스는 왕관의 성분이 무엇인지 밝히려고 온갖 수단을 동원했지만 끝끝내 답을 알아낼 수 없었다.

끝까지 포기하지 않고 고심을 거듭하던 아르키메데스는 결국 욕조에 가라앉은 왕관을 보고는 번뜩 무언가가 떠올라 "유레카!"를 외치며 알몸인 채로 목욕탕을 뛰어나갔다. 우리에게 너무나도 잘 알려진 이 깨달음의 순간이 바로 아르키메데스에게는 러너스 하이의 순간이었던 것이다.

인간이 공부를 통해 한계를 뛰어넘고, 스스로를 더 나은 사람으로 만들고 싶어 한다는 사실을 설명해주는 근거는 또 있다. 미국의 심리학자 에이브러햄 매슬로Abraham Maslow는 사람이 자아실현에 이르기까지 충족되어야 할 욕구에 위계가 있다는 '욕구 5단계 이론'을 주장했다. 그는 신체가 건강한 49명의 피험자를 대상으로 한 임상시험 결과를 「인간 동기의 이론A theory of human motivation」이라는 보고서로 제출했다. 이 보고서의 결론은 '모든 인간은 본능적인 욕구를 지닌 채 태어난다'는 것이었다.

매슬로가 말한 5단계 욕구 중 첫 번째 '생리적 욕구'는 밥을 먹고 잠을 자는 등 최하위 단계의 욕구로, 인간이 느끼는 욕구 중 가장 강력하다. 두 번째로 충족되어야 할 욕구는 '안전에 대한 욕구'다. 추위나 질병, 위험으로부터 자신을 보호하려는 본능이다. 세 번째 '애정과 소속에 대한 욕구'는 관계 속에서 소속감을 느끼고 친밀해지고 싶어 하는 욕구다. 네 번째는 '자기 존중의 욕구'로 이는 명예나 권력을 얻고 싶어 하는 마음이다. 모든 사람은 다른 이로부터 존중을 받을 때 자신감을 얻게 된다는 뜻이다. 마지막 다섯 번째가 '자아실현의 욕구'다. 자신의 내면에 숨겨져 있던 소질과 재능, 역량을 발휘하려는 본능으로, 세상에 태어나 모든 것을 성취하고자 하는 인간의 가장 고차원적인 욕구라고 할 수 있다.

그런데 매슬로는 말년에 이르러 욕구의 단계를 한 가지 더 추가했다. '지적 충족의 욕구'가 바로 그것이다. 무언가를 알고자 하는 인간의 욕구는 매우 본능적이다. 이는 우리가 책을 읽고 싶다거나 새로운 지식을 배우고 싶다고 생각하는 이유이기도 하다. 모르는 것을 깨우칠 때 인간은 가장 높은 단계의 기쁨을 느낀다. 배가 고플 때 밥을 먹고 포만감을 느끼며 뿌듯해하는 것처럼, 모르던 것을 알게 되면 절로 행복해진다.

매슬로의 '지적 충족의 욕구'는 뇌과학으로도 증명되었다. 호기심이 충족될 때 인간의 뇌는 신경 전달 물질인 '도파민Dopamine'을 분비하는데, 이는 강력한 쾌감을 느끼게 하는 원인이 된다.

결국 공부하지 않는 사람은 인간의 가장 고차원적인 욕구를 충족시키지 못한 채 살아가는 것과 같다. 그러니 삶에 대한 애착도 사그라들고 쉽게 좌절에 빠진다. 앞서 살펴본 수많은 공부의 거장들이 공부를 지겹고 난해한 것이라 생각하지 않고, 온전히 기쁘게 평생 할 수 있었던 원동력도 바로 '지적 충족의 욕구' 때문은 아니었을까?

  한편 욕구와 동기는 비슷한 의미의 말 같지만 출발점이 전혀 다르다. '욕구'는 이미 어떤 것이 결핍되어 있다는 사실을 전제로 하지만, '동기'는 좀 더 나은 방향으로 삶을 나아가게 하는 마음을 뜻한다. 따라서 동기는 새로운 행동을 유발하고, 우리를 더 나은 방향으로 움직이도록 하는 에너지라고 할 수 있다.

  삶을 유지하기 위한 생리적 욕구와 안전에 대한 욕구를 '저차원적 결핍 동기'라고 한다면, 자아를 실현하려는 욕구는 '고차원적 성장 동기'라고 말할 수 있다. 그리고 이러한 자아실현의 욕구는 다른 욕구와 달리 채워지면 채워질수록 더 커지기 때문에 '메타 동기'라고도 부른다. 전자와 후자 모두 생명을 유지하는 데 반드시 필요하지만, 특히 후자인 메타 동기는 우리의 삶을 의미 있게 만들고 인간을 참된 사회적 동물로 거듭나게 하기 때문에 더욱 중요하다고 할 수 있다.

큰 꿈을 이룰 수 있다는
강한 자기 확신

우리 세대 최고의 발견은 인간이 마음가짐을
바꾸면 삶까지도 바꿀 수 있다는 사실이다.

• 윌리엄 제임스

미래를 상상하지 않는 나라와 조직은 망한다. 그리고 이는 개인에게도 해당하는 말이다. 꿈이 있을 때와 없을 때 시련과 역경을 대하는 마음가짐과 대처 방식이 완전히 달라지기 때문이다.

이럴 때 우리의 뇌 역시 다르게 반응한다. 꿈이 있을 때는 뇌가 항상 깨어 있다. 현실은 비록 고통스럽지만 밝은 미래를 상상하기 때문에 '현실을 견디는 힘'이 계속 길러진다. 꿈이 없는 사람은 같은 역경도 더욱 고통스럽게 받아들인다.

은퇴 후 제대로 된 비전이 설계되어 있지 않은 사람은 3년 안에 사망할 확률이 그렇지 않은 사람보다 더 높다는 연구 결과도 발표된 적이 있다. 뇌 스스로가 '이제 더 이상 미래가 없구나'라고 받아들이기 때문이다. 이때부터 인간의 노화는 더욱 빨라지고, 자신이 쓸모없다고 생각하는 뇌세포들이 자살하기 시작한다.

미국의 유명한 영화배우 조지 번스George Burns는 꿈과 비전의 힘을 잘 알고 있는 사람이었다. 그는 104세가 되던 해인 2000년까지 스케줄을 계약할 만큼 능동적이고 적극적인 삶을 살았다. 그의 다이어리는 그가 눈을 감기 직전까지도 빈틈이 없었다. 조지 번스는 1975년에 「선샤인 보이」라는 영화로 80세에 아카데미 시상식에서 남우조연상을 받았다. 당시 남자 수상자 중 최고령이었으며, 지금까지도 이 기록은 깨지지 않고 있다. 그는 꿈의 중요성에 대해 이렇게 말했다.

> 우리에게는 아침마다 우리를 침대 밖으로 끌어내는
> 무언가가 있어야 합니다.
> 침대 안에서는 아무것도 할 수 없으니까요.
> 가장 중요한 것은 우리가 가고자 하는 방향과 목표입니다.

그렇다면 꿈과 비전을 통해 세상을 변화시키고 인류의 발전을 이끈 진짜 주역들은 과연 어떤 사람들이었을까? 놀랍게도 그들은 하나같이 비합리적인 꿈을 꾼 사람들이었다. 당시에는 미쳤다고 놀림을 받기도 했고 언론과 이웃, 심지어 가족에게까지도 비난의 말을 받은 사람들이었다.

라이트 형제Wright brothers가 처음 비행기를 만들겠다고 했을 때 그들을 향한 비판 아닌 비난의 여론은 그야말로 엄청났다. "그게 가능하겠어?", "사람이 하늘을 난다니 이 얼마나 해괴망측한 일인가?", "자연의 순리를 거역해서는 안 돼!"라며 그들의 실패를 단정 짓기도 했다.

1860년, 안토니오 메우치Antonio Meucci가 몸이 마비된 아내와 대화하기 위해 침실과 자신의 작업실을 연결하는 발명품을 연구할 때에도 세간에서는 비난이 거셌다. "도대체 저 장난감 같은 걸로 뭘 하겠다는 거지?", "저 사람 헛물켜고 있구먼!"이라며 순수한 의도를 무시하고 이상한 사람으로 매도하기까지 했다. 하지만 그는 결국 1854년에 자신의 연구를 완성시켰고, 이것이 바로 우리가 매일 쓰는 '전화기'의 시초가 되었다. 흔히 전화기를 최초로 발명한 이가 알렉산더 그레이엄 벨Alexander Graham Bell이라고 알려져 있지만, 실제로는 메우치가 21년이나 더 앞서 전화기를 발명했다. 당시에 그는 돈이 없어서 임시 특허만 등록한 상태였고, 결국 벨에게 전화기 특권을 내주고 말았다. 최근에 와서야 미국 의회는 전화기를 발명한 사람이 벨이 아닌 메우치라는 사실을 인정했다.

위대한 발명가 토머스 에디슨Thomas Edison이 축음기를 처음 세상에 내놓았을 때 사람들의 첫 반응은 어땠을까? 당시 어떤 교수는 "웃기고 쓸데없는 짓이다"라고 에디슨의 발명을 공개적으로 비난했으며, 소위 지식인이라는 사람들 역시 대부분 냉소적인 반응을 보였다.

평범한 대학생이었던 세르게이 브린Sergey Brin과 래리 페이지Larry Page가 차세대 검색 엔진을 구축하기 위한 새로운 기술을 여러 대기업에 소개했을 때에도 소위 전문가라고 하는 사람들은 폭소를 터트렸다. "도대체 그런 게 왜 필요하죠? 지금도 잘 돌아가고 있는데"라며 그들의 아이디어에 관심을 보이지 않았다. 그럼에도 불구하고 자신들이 직접 개발한 '빠른 시간 안에 정확하고 믿을 수 있는 정보를 우선적으로 보여준다'는 핵심 기술이 세계 최고라고 자부한 두 젊은이는 결국 검색으로 세상을 바꾼 '구글Google'이라는 혁명적 기업을 탄생시켰다.

『웹 진화론』의 저자이자 IT 학자 우메다 모치오梅田望夫는 세상을 바꾸는 주요 요인을 인터넷과 오픈 소스, 치프 혁명Cheap revolution(IT의 성능은 점점 좋아지지만 비용은 무료화 또는 하락하는 것)이라고 서술했다. 그리고 그 발전 가능성에 대해 비난을 퍼부은 사람들의 말을 소개했다. 세상에서 가장 복잡한 구축물로 인정받고 있는 리눅스Linux의 오픈 소스에 대해 당시 많은 전문가는 뭐라고 비난했을까? "그따위 장난감은 절대로 정보 시스템의 도구가 될 수 없다", "인터넷은 중앙 관리 기능도 없고 제멋대로다. 그런 네트워크가 정보의 슈퍼 하이웨이로 성공할 리 없다"라며 거침없이 독설을 내뱉었다. 하지만 그들의 예상과 달리 현재 리눅스는 안드로이드Android, 미고MeeGo 등 수많은 모바일 시스템과 웹 서버를 구동하는 가장 중요한 운영 체제로 사용되고 있다.

역사상 가장 바보 같은 발언을 한 사람으로 유명한 미국의 특허청장 찰스 듀엘Charls Duell은 1899년에 "인류가 발명할 만한 것은 다 발명되어서 더 이상 발명할 것이 없으므로 미국 특허청은 곧 문을 닫을 것이다"라고 말했다. 하지만 그로부터 100년간 컴퓨터, 반도체, 우주선 등 당시로서는 상상도 할 수 없었던 발명들이 있어왔고, 최근 10년 동안에는 스마트폰, 자율주행 자동차, 모바일 페이 등 과거 100년 동안 발명된 것보다 훨씬 더 많은 혁신이 일어나지 않았는가? 엉뚱한 상상을 굽히지 않고 꿈을 향해 질주했던 사람들을 비난하고 무시하고 조롱했던, 소위 전문가들의 면면을 일일이 서술하기에는 지면이 부족할 정도다.

세대를 뛰어넘는 생각을 하고 그것을 끝내 실현해내는 힘은 단연코 '공부'다. 공부하지 않으면 어제의 내가 생각한 사고의 틀 안에 갇혀 벗어나지 못하고, 과거와 동일한 생각을 평생 되풀이할 뿐이다. 진정 미쳐야 미친다고 하지 않던가? 미친 듯이 한 분야에 몰두한 '공부에 미친 사람들'은 엉뚱한 상상을 멈추지 않았다. 남다른 생각을 품었던 공부의 거인들처럼 우리도 더 나은 내일을 위해 전혀 다른 관점에서 생각해야 한다. 때로는 엉뚱하다고 생각하는 것들을 성취해야 한다. 큰 꿈을 이룰 수 있게 하는 원동력이 공부고, 그 꿈을 이룰 때까지 밀어붙일 수 있도록 해주는 추진력 또한 공부다. 공부를 통해 자신과 세상의 고정관념을 깨부수고 탈출해야 한다.

자전거를 평지에서만 타야 한다는 통념을 깨고 비탈길에서도 타보겠다는 누군가의 엉뚱한 발상이 '산악자전거'를 탄생시켰다. 얼음이 있어야만 스케이트를 즐길 수 있다는 것에 불만이 있던 누군가는 겨울이 아니어도 스케이트를 타고 싶다는 염원으로 '인라인스케이트'를 발명했다. 또 누군가는 스키보다 더 짜릿하고 역동적으로 설원 위를 질주할 방법을 고민하던 끝에 널빤지를 하나로 붙인 '스노보드'를 만들어냈다.

이렇듯 엉뚱한 생각과 꿈 덕분에 인류의 문화와 문명은 더욱더 풍요롭고 다채로워졌다. 그리고 그 생각의 근원에는 언제나 '공부'가 있었다.

선택의 연속에서
올바른 길을 걸어갈 지혜

실수하지 않는 유일한 인간은
아무것도 하지 않는 사람뿐이다.

• 프랭클린 루스벨트

　우리가 스스로에게 좋은 질문을 던질 수만 있다면 삶은 분명 어제보다 더 나아질 것이다. 왜 그럴까? 스스로에게 질문을 던지는 것만으로도 마음이 좋은 방향으로 움직이기 때문이다.

　자신에게 아무런 질문도 하지 않은 채 살아가는 사람과, 언제나 자신에게 질문을 하면서 더 나은 해답을 찾으려고 노력하는 사람이 있다고 가정해보자. 두 사람 중 과연 누구의 삶이 더 발전 가능성이 있을까? 혹은 항상 자신을 의심하고 불확실한 미래에 대한 회의로 가득한 질문을 던지는 사람과, 언제나 자신의 가능성과 잠재력에 대해 긍정적인 질문을 던지는 사람의 차이는 어떨까?

우리도 기쁘게 공부할 수 있을까

153

왜 지금 나는 이것밖에 안 될까?

나는 열심히 해도 정말 안 되는 걸까?

과연 내가 해낼 수 있을까?

저 사람들은 항상 밝은데 왜 나는 우울할까?

　이런 종류의 질문을 마음속에 품은 채 사는 사람은 자신이 던진 질문만큼의 삶만 살기 마련이다. 하지만 이와는 반대로 '꿈을 이루기 위해 나는 옳은 방향으로 가고 있는가?', '지금 처한 상황을 뛰어넘기 위해 무엇을 해야 할까?', '세상을 이롭게 만들기 위해 나는 무엇을 할 수 있을까?'처럼 역동적이고 진취적인 질문을 던지는 사람은 그가 던진 질문처럼 늘 생동감 있는 삶을 살고 발전할 수밖에 없다.

　문제는 인간이란 자신이 배우고 공부한 만큼만 질문을 던질 수 있다는 점이다. 그리고 위에서 말했듯 딱 그 질문만큼의 삶을 살아간다. 물론 사람이 태어나면서부터 고차원적인 질문을 하고 그런 삶을 살 수는 없을 것이다. 그러니 우리는 늘 공부를 하면서 자신을 되돌아보고, 수양을 쌓은 만큼 질문의 깊이를 더해가야 한다. 수많은 선택의 갈림길에서 가치 있는 질문을 던지고 올바른 답을 얻기 위해 공부를 놓지 말아야 한다. 이것이 우리가 공부를 해야 하는 이유이자, 공부를 통해 얻을 수 있는 이득이다.

그래서일까? 질문하는 내용을 보면 그 사람의 삶의 수준을 가늠해볼 수 있다. 질문의 차이가 곧 생각의 차이고, 결국 태도와 마음가짐까지도 드러내기 때문이다. 질문을 던지고 답하는 과정을 통해 우리는 자신이 집중해야 할 초점과 앞으로의 목표를 구체화할 수 있다.

인간은 언제나 상반된 특성이 서로 버티고 경쟁하는 길항적인 존재이기 때문에, 또 자신을 쉽게 정의할 수 없고 늘 변화하는 미확정적인 존재이기 때문에 끊임없이 질문을 하면서 성장해야 한다. 스위스 정신의학자 카를 융Carl Jung은 이렇게 말했다.

인간은 자신에 대한 치열한 질문을 통해
새로운 나로 거듭나게 된다.

무엇보다도 스스로를 향한 치열한 질문은 인생의 역경을 극복하기 위한 지혜를 선사해준다. 인생은 늘 선택의 연속이다. 주어진 삶의 모든 과정이 나의 선택에 의해 좌우된다. '무슨 일을 할 것인가?', '어떤 분야에서 두각을 나타낼 것인가?', '누구와 함께할 것인가?'와 같은 선택지에서 좋은 답을 내릴 수 있다면 그만큼 성공에 가까워지지만, 단 한 번이라도 잘못된 선택을 하면 영영 돌아올 수 없는 깊은 나락에 빠지기도 한다.

그렇다면 어떻게 해야 삶의 다양한 선택지 속에서 올바른 선택을 할 수 있을까? 역시 '공부'밖에는 답이 없다.

시중에는 10분, 10개월, 10년 후의 미래를 생각하면서 준비하고 선택하라는 자기계발서가 많이 나와 있다. 미래의 트렌드를 예측하고 위기를 회피할 방법을 알려주는 책들도 다양하다. 그러나 우리가 사는 세상이 정해진 공식만으로는 살 수 없는 복잡한 세상이라는 점을 감안한다면, 미래를 전망하는 것은 물론이고 내 미래가 어떻게 변할지 전망하는 것조차 불가능에 가까울 것이다.

올바른 선택을 하기 위해서는 삶의 참된 의미와 목적이 무엇인지, 어떤 삶이 가장 가치 있는지 단지 미래지향적인 사고만으로 판단할 게 아니라 좀 더 깊은 마음 공부를 통해 고민해야 한다. 세계 곳곳의 역사를 간접 경험하고 통찰력을 키워야 한다. 인성과 감성과 지성을 완성시켜야 한다. 눈앞의 이익이나 물질, 권력 등의 유혹을 뿌리칠 수 있는 자제력을 길러야 한다.

물론 이 모든 것을 완벽하게 잘할 수 있는 사람은 없다. 그렇기 때문에 모든 사람은 살아 있는 한 공부를 계속해야 한다. 재능도 있고 실력도 있지만 순간의 실수로 넘어져 평생 쌓아 올린 탑을 무너뜨리고만 사람이 많다. 우리는 후회하지 않을 선택을 하기 위해 끊임없이 공부해야 한다.

세상의 시류에 편승하는 길을 택하는 사람들은 자기 자신에 대한 모든 권리를 포기하는 셈이다. 미국의 사상가이자 시인인 랠프 월도 에머슨Ralph Waldo Emerson은 자신의 에세이 『자기신뢰』에서 "스스로의 삶은 스스로 선택하면서 살아야 한다"고 강력히 주장했다. 그는 세상의 많은 사람이 너무나도 쉬운 방법, 편한 방법, 시류에 따라가는 방법을 선택하는데 이는 바람직하지 않다고 말했다. 무작정 누군가를 따라 살아가기보다는 직접 선택할 줄 아는 삶을 살아야 한다고 강조했다.

삶을 변화시키는 것은 우리가 무심코 선택했던 작은 행동들이며, 이것이 반복되면 습관으로 굳어진다. 아리스토텔레스Aristoteles는 "우리의 삶은 우리가 반복적으로 해왔던 행동의 결과 그 자체이며, 그것은 사실 행동이 아니라 습관이다"라고 말했다. 습관적으로 반복하는 행동 역시 우리가 선택한 것이다. 이런 작은 습관이 모여 미래의 나를 만든다. 우리가 모든 순간에 올바르게 선택하기 위해서는 공부를 통해 자신의 주관과 비전을 분명하게 세워두어야 할 것이다.

한편 많은 사람이 삶의 정점에서 잘못된 선택을 했다가 고통을 받기도 한다. 반대로 누군가 나에게 잘못을 했을 때 우리는 용서를 선택하는 대신 분노와 복수를 선택한다. 분노와 복수가 아닌 용서를 택하는 것은 자기 자신의 문제다. 용서하는 것이 쉬운 일은 아니다. 수련과 공부를 통해 자신을 내려놓을 줄 아는 사람이 되어야 용서를 선택할 수 있다.

자신을 진정 낮추게 하는 것이 공부다. 눈앞의 이익과 뇌물에 눈이 멀어 패가망신한 사람들이 너무나 많고, 그로 인해 자살을 선택하는 사람들도 많지 않은가? 그러므로 부디 자신을 낮추고 내려놓을 줄 아는 공부를 하기 바란다. 알면 알수록 고개를 숙인 공자와 길 가는 아이에게도 가르침을 구했던 박지원처럼 욕심을 버리는 공부를 하기 바란다.

삶은 고난의 연속이다. 어떤 사람도 고난에서 자유로울 수 없다. 이것이 인간의 숙명이다. 왜 인간의 삶은 고난의 연속인지 그 이유를 명확하게 한마디로 말할 수는 없지만, 분명한 것은 고난을 딛고 일어섰을 때 비로소 만나게 될 기쁨과 가치는 매우 크다는 점이다. 역경을 이겨낸 사람은 그보다 더 큰 삶을 꿈꿀 수 있다. 대나무가 곧을 수 있는 이유는 수많은 역경을 이겨내며 스스로 올바른 방향으로 줄기를 뻗었기 때문이다.

인류에게 고난과 시련이 없었다면 지금처럼 문명이 발달할 수 있었을까? 영국의 역사가 아널드 토인비Arnold Toynbee가 주장한 '역경설'에서 표현을 빌리자면 "모든 문명, 모든 문화는 역경과 고난을 딛고 올라서는 과정에서 생긴 부산물"이다.

망망대해에 떠 있는 돛단배는 강풍으로 인해 더 빨리 갈 수도, 혹은 침몰할 수도 있다. 인생 또한 항해와 같다. 공부를 통해 자신을 성장시킨 사람은 위기를 기회로 본다. 그대로 침몰하지 않고 더 빨리 가기 위한 발판으로 삼는다. 실패를 통한 교훈은 또 다른 공부이며 더 큰 그릇이 되기 위한 재료다.

공기의 저항은 비행기의 전진을 방해하는 요소가 되기도 하지만, 또 한편으로는 더 높은 곳으로 비상하기 위한 밑거름이 되기도 한다. 공기의 저항처럼 우리를 힘들게 했던 순간들이 우리를 더욱 강하게 만들 것이다. 이때 반드시 필요한 장치가 공부다. 날개가 없는 비행기를 상상할 수 없듯이, 공부하지 않는 인간은 상상할 수 없다. 역경이라는 것이 꼭 거대한 해일처럼 대재앙의 모습을 하고 우리 앞에 출현하는 것은 아니다. 삶의 수단이 변하고 일상의 조건이 바뀌는 것 자체가 큰 역경일 수 있다. 농경 시대는 3000여 년 동안 우리의 삶을 이끌어왔다. 산업 시대는 200년 동안 인류의 삶을 지배했다. 정보화 시대는 겨우 50년 만에 지나갔다. 이제 그다음에 오는 시대는 10년이면 바뀔 것이다. 우리는 이처럼 급변하는 과도기에 살고 있다. 앞으로는 더욱 심한 변화의 소용돌이 속에서 살아야 한다. 날마다 변화의 물결을 피부로 느껴야 할 것이다. 빛의 속도로 급변하는 어지러운 시대에 내 중심을 우뚝 세우기 위해 무엇보다 필요한 것은 공부다.

불안과 두려움을 이겨내는 용기

나는 폭풍이 두렵지 않다.
나의 배로 항해하는 법을 배우고 있으니까.

• 헬렌 켈러

인간답게 산다는 것은 무엇일까? 일차원적으로 말하자면 동물적인 삶과 거리가 먼 것이다. 이때 동물적인 삶이란 무엇일까? 본능에 의존해서 살아가되, 이성과 윤리 그리고 가치와 목표를 추구하지 않는 삶이다. 인간은 공부하지만 동물은 공부하지 않는다. 우리의 삶을 동물과 가르는 기준은 오직 공부다.

밥이나 빵, 안락한 집보다 인간을 더욱 인간답게 만드는 것이 공부라는 사실을 보여주는 사례가 있다. 1995년, 미국 뉴욕에서 시작된 '클레멘트 코스Clemente course'라는 운동이다. 이 운동을 주도한 사람은 언론인이자 소설가인 얼 쇼리스Earl Shorris였다. 그는 노숙자와 빈민, 마약 중독자와 전과자들을 대상으로 인문학 교육 프로그램을 만들어 철학과 시, 문학과 역사, 미술사와 논리학 등 '살아 있는 인문학'을 가르쳤다. 얼 쇼리스는 다양한 인문학 공부를 통해 클레멘트 코스에 참여한 사람들이 자연스럽게 자존감을 회복할 수 있도록 도왔다.

이 운동은 1983년 미국의 빈곤 문제를 주제로 책을 내려던 그가 집필 도중 뉴욕의 한 교도소에 복역하던 비니스 워커라는 여성 중범죄자와 마주하면서부터 비롯되었다.

> (얼 쇼리스) "사람들이 왜 가난하다고 생각하나요?"
> (비니스 워커) "누려야 할 정신적인 삶이 없기 때문이에요."
> (얼 쇼리스) "그렇다면 그 정신적 삶이라는 게 무엇인가요?"
> (비니스 워커) "극장과 연주회, 박물관, 강연 같은 거죠. 그냥 인문학이에요."

언뜻 생각하기에 가난한 사람들이 당장 필요로 하는 것은 빵과 돈일 것 같지만, 사실 그들이 정말로 간절히 원했던 것은 '자존감의 회복'이었다. 정신이 궁핍했던 그들의 삶에 인문학 공부라는 연료를 채워주자 하나둘 삶이 변하기 시작했고 그 결과는 기적과 같왔다. "인문학을 배우기 전에는 욕이나 주먹이 먼저 나갔어요. 그런데 이제는 그러지 않아요. 나를 설명할 수 있게 됐거든요."

얼 쇼리스는 이 운동의 목표를 이렇게 설명했다.

> 가난한 사람들은 열악한 환경과 불운이라는 포위망에 둘러싸여 있습니다. 포위망에 갇히면 생존을 위한 즉각적인 대응밖에 할 수 없죠. 하지만 즉각적인 대응 대신 반성적이고 성찰적인 사고를 할 수 있다면, 이들의 삶도 충분히 달라질 수 있습니다. 그들의 성찰을 돕고 그들 스스로 인간다운 삶을 살고 싶은 소망을 갖도록 해주는 것이 바로 클레멘트 코스의 목표이자 인문학 공부의 목표입니다.

삶 속에서 우리를 진정으로 옭아매는 것은 무엇일까? 삶에 대한 집착, 성공을 향한 야망, 실패에 대한 두려움, 불확실한 미래에 대한 염려, 건강에 대한 걱정, 인간관계의 불화 등 수없이 부닥치는 난관 속에서 우리는 나약하고 완전하지 못한 존재임을 깨달아간다. 그리고 그 틈에서 아등바등 얽매여 살아가고 있는 자신을 자각하게 된다.

인문학 공부를 통해 삶이 바뀐 그들의 고백처럼, 공부는 나를 설명할 수 있는 힘을 길러준다. 또 세상 그 어떤 고난에도 휩쓸리지 않고 생명력 있는 인간이 될 수 있다는 자신감을 갖게 해준다. 내가 누구이며 어디에서 왔는지, 왜 살아야 하는지 등을 깨닫게 해준다. 불필요하고 소모적인 근심에서 벗어나, 두려움을 이겨낸 온전한 인간으로 우뚝 서게 해준다.

인간은 두려움에 한번 빠지면 온통 불길하고 불행한 생각 속에 자꾸만 스스로를 밀어 넣는다. 두려움의 '노예'가 되어버린다는 것이다. 여기에는 뇌의 비밀도 숨어 있다. 피하고 싶고 멀리하고 싶을수록 뇌는 오히려 더 놀라운 집중력을 발휘해 '그것'을 떠올린다. 그로 인해 결국 두려움은 현실이 된다. 마치 축구선수가 페널티 킥을 두려워하다가 결정적인 순간에 실축을 하는 것처럼 말이다.

내가 삼성전자에 입사해 신입 사원 연수를 받으며 겪은 일이다. 물건을 직접 파는 프로그램이 있었다. 팀별로 얼마나 많이 팔았는지를 놓고 등수를 매기는 것이 과제였다. 물건을 팔기 전에 "할 수 있다!"라고 구호를 외치는 팀이 있었는데, 신기하게도 이것을 한 팀과 안 한 팀의 판매 결과가 현격히 차이 나는 것을 여러 번 목격했다. 자신감은 마음에 힘을 불어넣지만 두려움은 마음을 마비시키기 때문이다.

두려움의 실체를 입증한 놀라운 실험도 있다. 한 사형수의 눈을 안대로 가린 채 "이제부터 당신 몸에 있는 피를 모두 뽑아서 실험에 사용하겠습니다"라고 말했다. 실제로 사형수에게는 어떠한 조치도 취하지 않았고 가짜 실험실에서 가짜 도구를 사용해 피를 뽑는 것처럼 시늉만 했다. 그런데 사형수는 정말로 죽어가는 사람과 똑같은 생리학적 반응을 보였다. 자기가 들은 대로 뇌가 판단해버린 것이다. 바로 이것이 두려움의 실체다.

또 다른 사례가 있다. 사람과 개가 함께 한적한 설원을 지나가다가 얼어 있던 물웅덩이에 빠졌다. 굶주림과 추위에 몸부림치다가 둘 다 동시에 구조되었지만 안타깝게도 사람은 죽고 개만 살아남았다. 왜일까? 사람은 두려움을 스스로 만들어냈기 때문이다. 자신이 만들어낸 두려움에 몸과 뇌가 저절로 반응해 결국 공포에 잡아먹힌 것이다.

이러한 두려움을 극복하기 위해 반드시 필요한 것이 공부다. 제대로 알아야 극복할 수 있다. 삶의 본질을 추적한 '신비의 작가' 제임스 앨런James Allen은 이렇게 말했다.

> 인간이 생각을 만드는 것이 아니라
> 생각이 인간을 만들어낸다.

미국의 사상가 랠프 월도 에머슨 역시 "하루 종일 어떤 생각을 하느냐에 따라 그 사람의 모습이 정해진다"라고 말했다. 그러므로 무기력한 자신의 모습을 생각하지 말고, 나약함을 뛰어넘은 강한 자신을 떠올려야 한다. 그것이 곧 공부다. 환경 때문에 이렇게 살 수밖에 없다고, 이런 상황에서는 도저히 공부를 할 수 없다고 용기를 내지 못하는 사람들에게 다시 제임스 앨런의 말을 빌려 이야기해주고 싶다.

상황이 인간을 만드는 게 아니라
인간의 내면이 상황으로 드러나는 것뿐이다.

삶의 목적을 발견하는 기쁨

왜 살아야 하는지 그 이유를 아는 사람은
어떤 어려움도 견뎌낼 수 있다.

• 프리드리히 니체

땅 위에 돋아난 풀 한 포기에도 다 존재하는 목적이 있다. 아무리 하찮은 존재라도 자기 몫을 한다. 하물며 인간은 어떠할까? 인간에게도 모두 제각각의 고유한 소명과 역할이 있다. 그리고 자신에게 주어진 고유한 소명을 찾아야만 즐겁고 알찬 인생을 살 수 있다. 그것을 찾는 데 결정적인 역할을 하는 것이 바로 공부다.

나는 누구인가?

나는 무엇을 하려고 태어났는가?

그것을 왜 해야 하는가?

공부는 내 삶의 목적과 주어진 몫을 깨닫게 해준다. 설사 우연히 나의 소명을 발견했다고 할지라도 그것을 꾸준히 감당해낼 힘과 능력, 용기와 인격을 갖추지 못하면 즉 충분히 공부하지 않았다면 그 몫을 지속하기가 어렵다.

독일 이민자의 아들로 태어나 미국 프로야구 내야수로 활약했고, 30세가 되기 전에 종교에 귀의해 미국에서 가장 유명한 복음 전도사가 된 빌리 선데이Billy Sunday는 이런 말을 남겼다.

> **인간은 재능이 부족해서가 아니라**
> **목적이 없어서 실패한다.**

그의 말처럼 목적이 없으면 실패하기 쉽다. 공부가 단순히 지식 축적으로만 끝난다면 허무할 것이다. 세계적인 베스트셀러 『자조론』의 저자 새뮤얼 스마일스Samuel Smiles는 '얼마나 많은 지식을 가졌는가?'라는 질문보다 '어떤 목표와 목적을 위해 그 지식을 소유하고 있는가?'라는 질문이 훨씬 더 중요하다고 말했다. 목적이 있는 삶은 그것만으로도 매우 가치가 있다. 목적 없이 그냥 되는 대로 하루하루 살아가는 삶은 무의미하고 무가치한 삶으로 전락하기 쉽다. 작은 시련과 역경조차 무한정 크게 보이기도 한다. 하지만 목적이 뚜렷한 사람은 사소한 문제에 휘청거리지 않는다.

풍자의 미학으로 이상과 현실의 경계를 넘나들었던 극작가 조지 버나드 쇼George Bernard Shaw는 목적이 존재하는 삶의 가치에 대해 이렇게 말했다.

> 위대한 목적을 위해 살아갈 때
> 진정한 삶의 기쁨이 찾아온다.
> 목적은 세상이 우리를 행복하게 해주지 않는다고 불평하는
> 이기적인 슬픔과 아픔의 덩어리보다
> 더 강력한 힘이 된다.

제2차 세계대전 당시 유대인이라는 이유로 독일군에 의해 수용소에 끌려간 빅터 프랭클의 삶은 우리에게 '왜 살아야 하는지', '삶의 의미는 어디에 있는지'를 알려준다.

죽음의 수용소라 불리는 아우슈비츠 가스실에서 아내와 부모님, 동생들을 모두 잃은 그에게 삶의 목적은 무엇이었을까? 당장이라도 독일군에게 총을 맞고 죽을 수도 있는 상황에서 어떻게 삶의 이유를 찾을 수 있었을까? 모든 자유가 봉쇄되고 단 하나도 내 의지대로 할 수 있는 게 없는데 꿈을 꾼들 대체 무슨 의미가 있었을까?

빅터 프랭클은 독일의 철학자 프리드리히 니체Friedrich Nietzsche의 말을 인용해 다음과 같이 대답했다.

살아야 할 이유를 아는 사람은
어떻게든 살아낸다.

그가 살아야 할 이유는 무엇이었을까? 빅터 프랭클은 전쟁이 끝난 후 다시 강단에 올라 눈앞에 있는 학생들에게 '결코 다시는 일어나지 말아야 할 일에 대해 이야기하는 자신의 모습'이 바로 살아야 할 이유였다고 말했다. 그리고 '빼앗긴 원고를 틈나는 대로 적어두어 연구 논문으로 완성해야겠다는 소명'이 살아남아야 할 이유였다고 고백했다. 그는 "우리가 삶에 바라는 것과 삶이 우리에게 가져다주는 것만으로 우리 삶을 평가해서는 안 되며, 그보다는 삶이 먼저 우리에게 진정으로 원하는 것이 무엇인지를 날마다 용기 있게 물어봐야 한다"라고 말했다.

인간으로서 우리가 해야 할 일은 그저 하루하루를 의미 없이, 되는 대로 대충대충 살아가는 것이 아니다. 더 이상 삶의 의미가 없다고 단정하는 사람은 스스로 자신의 삶을 무가치하게 만들 뿐만 아니라 희망이 없다고 생각하기 때문에 마지막 끈까지 놓아버린다. 삶에 대한 경외심도 없다. 이미 눈빛도 다르고 태도에서도 차이가 드러난다. 하지만 빅터 프랭클은 달랐다. 그는 악조건 속에서도 매 순간에 감사했다.

나는 아주 사소한 배려에도 감사했다. 자기 전에 이 잡는 시간을 주는 것마저도 고마웠다. 비록 이 잡는 것 자체는 즐겁지 않았지만 말이다. 왜냐하면 고드름이 매달릴 만큼 추운 막사에서 발가벗은 채로 서 있어야 했기 때문이다.

삶의 의미와 이유를 찾으려고 노력하는 사람에게는 그 어떤 상황에서도 모든 것이 감사와 감동과 경외의 조건이 된다. 현실은 수용소에 갇힌 몸일지라도 정신만큼은 그것을 초월한다.

만약 누군가가 아우슈비츠에서 바이에른 수용소로 향하던 길목에서 우리를 보았다면 우리의 표정이 삶의 자유와 희망을 포기한 사람의 그것이라고는 믿지 못했을 것이다. 당시 우리는 수송 차량의 창문 빗살 틈으로 잘츠부르크산맥 꼭대기에서 반짝이던 저녁노을을 바라보고 있었다. 처참한 상황에도 불구하고, 아니 어쩌면 그 상황 덕분에 그날 우리는 더욱 자연의 아름다움에 도취되었고, 한동안 그러한 광경을 그리워했다.

많은 현대인이 삶의 의미나 이유를 모른 채 살아가고 있다. 그래서 더더욱 마음의 문제들, 소위 정신 질환이나 신경 증세를 호소하는 사람들이 많아졌다. 빅터 프랭클의 체험 수기 『죽음의 수용소에서』가 1990년대에 미국에서 가장 영향력 있는 책 10위 안에 들었던 것도 현대인들이 의미 없는 삶에 힘들어하고 있음을 보여주는 증거다.

한편 삶의 의미보다는 삶의 결과에 의해 인생이 평가되어야 한다고 말하는 사람도 있다. 미국의 토크쇼 「닥터 필 쇼」의 진행자 필 맥그로Phil McGraw는 "세상은 당신의 의도나 목적이 무엇이든 당신의 행동에만 신경 쓴다"라고 말했다. 하지만 그의 말은 옳지 않다. 세상은 결과와 행동에만 신경 쓸지라도, 의도의 선함과 악함에 가장 큰 영향을 받는 사람은 바로 자기 자신이기 때문이다. 설령 결과적으로는 성공했을지라도 마음속에 악한 의도를 품고 있었다면 그것은 언젠가 표면적으로 드러날 것이다. 원래 악한 사람은 성공해도 악하며, 겸손한 사람은 성공해도 겸손하다. 결국 돈과 권력과 명예가 사람을 물들게 한다기보다는 그 사람이 이미 지니고 있는 성향을 더욱 부각시키는 것이다.

또 어떤 사람은 자신의 만족보다 다른 사람의 평가가 더욱 중요하다고 말한다. 아무리 내가 삶의 목적을 세우고 열심히 공부하며 살아도 주변의 평가가 좋지 못하다면 실패한 인생이라고 말하는 것이다. 따라서 언제나 주변의 시선을 의식하며 그들로부터 좋은 평가를 받도록 노력하라고 다그친다. 하지만 이것도 역시 옳지 않은 말이다.

심리학에는 '대상조회Object-referral'라는 용어가 있다. 참자아가 아닌 다양한 외부 대상에 영향을 받는 마음 상태를 의미한다. 사람이 대상조회에 빠져 있으면 언제나 자신이 아닌 다른 사람들에게 초점을 맞추며 그들로부터 인정을 받으려고 한다. 즉, 초점이 타인의 시선에 갇혀 있다. 그 때문에 타인의 말 한마디에도 흔들리고, 자신의 주장이나 소신을 쉽게 굽히기도 한다. 타인에 대한 의식이 너무 강한 나머지 소문에 얽매여 살기도 한다. 과연 이러한 삶이 행복하다고 말할 수 있을까?

대상조회의 반대 개념인 '자기조회Self-referral'는 외부 대상이 아닌 참자아에 초점을 맞추는 마음 상태다. 우리의 삶이 흔들리는 돛단배와 같지 않으려면 세상에서 단단히 중심을 잡고 살아야 한다. 타인의 시선에 초점을 맞추는 대상조회의 삶이 아니라, 자신의 존재 가치와 목표에 초점을 맞추는 자기조회의 삶을 살아야 한다.

그리고 공부는 내 삶의 목적과 의미를 찾는 데 분명 도움이 될 것이다.

　이스라엘 왕국의 세 번째 왕이자 세상의 모든 부귀와 영화를 누렸던 솔로몬 왕은 인생의 무상함을 회고한 자신의 책 『전도서』에서 다음과 같이 말했다.

　　해 아래 모든 것은 헛되고 헛되며 헛되도다.

　하지만 한편으로는 일(공부)을 통해 얻을 수 있는 기쁨이야말로 신에게 받을 수 있는 유일한 응답이므로 누구보다도 열심히 살라고 역설하기도 했다.

　　나는 사람이 자기 일에 즐거워하는 것보다 더 나은 것이 없음
　　을 보았나니 (…) 우리를 수고함으로 즐거워하게 해주신 것은
　　신의 선물이다.

　솔로몬은 '헛되고 헛된 세상의 모든 일' 중에서 유일하게 공부만이 모든 사람이 평생 꾸준히 연마할 만한 소명이라고 말했다.

　세상 안에서 중심을 잡고 사는 사람은 큰 성공 앞에서도 교만해

지지 않고 남을 깔보지 않는다. 설사 실패하더라도 결코 기죽지 않고 의연하게 난관을 돌파한다. 이것이 바로 우리가 삶의 목적을 끊임없이 고민하고 공부해야 할 이유다. 바람에 흩날리는 겨와 같은 삶, 한곳에 머무를 만한 참을성 하나 없이 가벼운 존재로 삶을 살아갈 것인가? 아니면 파도에도 요동하지 않는 범선 같은 삶을 살 것인가? 목적이 있는 삶은 결코 흔들리지 않는다는 사실을 잊지 말기 바란다.

건강한 삶을 유지시켜주는 젊음

사람은 호기심이 없어지면서부터 늙는다.
배우면 젊어지고 삶을 즐길 수 있게 된다.

• 피터 드러커

우리는 앞서 주자학의 입문서라 소개했던 『근사록』에서 "배우지 않으면 빨리 늙고 쇠약해진다"라는 가르침을 접했다. 이와 맥락을 같이하는 말은 무수히 많다. 세계적인 경영학자 스티븐 커비Stephen Covey는 "많이 배울수록 오래 산다"라고 말했으며, 성경의 「잠언」에는 "그(지혜) 우편에는 장수長壽가 있고 그 좌편에는 부귀가 있다. (…) 그것을 얻는 자에게 생명이 되며 온 육체의 건강이 된다"라고 적혀 있다. 동서고금을 막론하고 공부와 건강의 인과관계를 인정하고 있는 것이다. 이처럼 꾸준히 공부하는 삶은 정신은 물론이고 신체까지도 건강하게 해준다.

일을 그만둔 후 갑자기 늙고 쇠약해지는 사람들이 있다. 일도 일종의 공부라고 볼 수 있는데, 퇴직 후 공부를 할 필요를 느끼지 못하자 기력을 잃게 된 것이다. 그러니 일을 관둔 후에라도 새로운 분야에서 배움을 찾는 노력을 꾸준히 기울여야 한다. '이제 내 인생에서 지식을 채우는 일은 모두 끝나버렸다'라고 생각하는 순간, 우리의 몸은 성장을 멈추고 급격히 노화하기 시작한다. 끝은 새로운 시작이다. 열정을 쏟을 곳은 여전히 많다.

공부는 마음을 맑게 해주고 건강을 유지시켜주며, 욕심과 두려움을 없애준다. 과거 서양의 과학자들은 몸과 마음을 분리된 것으로 보았으나, 이제는 몸과 마음이 하나의 밀접한 통합체라는 사실에 이의를 제기하지 않는다. 마음이 아프고 불행하면 몸도 그대로 따라간다. 반대로 몸이 힘들다면 마음을 다지는 것만으로도 아픔을 이겨낼 수 있다.

이러한 주장을 증명하는 사례는 많다. 미국 켄터키 대학의 알츠하이머병 전문가 데이비드 스노든David Snowdon 박사는 100세가 넘는 고령의 수녀가 무려 일곱 명이나 있는 미국 만카토수녀원을 관찰하며 장수의 비결을 연구했다. 이들은 일반인보다 알츠하이머병이나 뇌졸중 등 노인성 정신 질환 발병률이 현저히 낮았다. 수녀들은 당시 미국 노인들의 평균 수명보다 약 4년은 더 오래, 그리고 건강하게 살았다. 이들의 장수 비결은 딱 두 가지였다. 바로 '일(공부)'과 '명상'이었다. 단순히 절제된 삶과 정신적 안정이 전부가 아니었던 것이다.

스노든 박사는 이들이 장수한 원인을 좀 더 정확히 파헤치기 위해 이들의 뇌를 살펴보았다. 사망 후 자신의 뇌를 기증한 500여 명의 수녀들을 연구한 끝에 놀라운 사실을 발견했다. 수녀들의 뇌 신경 연결망이 엄청나게 복잡하고 조밀하게 형성되어 있었던 것이다. 스노든 박사의 연구 결과가 정리된 책『우아한 노년』에는 연구에 참여한 어느 수녀의 말이 실려 있다.

> 나는 죽기 전까지 내 마음대로 몸을 움직이고, 기쁨과 슬픔을 느끼며, 태양이 떠오르는 황홀함과 새로 돋아나는 풀의 향기, 가을밤의 청량함, 그리고 가족과 친구들의 사랑을 느끼고 싶다. 나는 내 인생에서 내가 해야 할 바를 완수하고 이 세상에서 작지만 무엇인가를 해냈다는 것을 느끼고 싶다. 그리고 가능하면 오랫동안 모든 것을 기억하고 싶다.

삶을 단조롭고 재미없게 설계하는 사람은 뇌 신경망 역시 점차 단순해지고 변화가 일어나지 않는다. 만카토수녀원의 수녀들은 쉬지 않고 일하면서도 명상을 게을리하지 않았다. 뇌가 지루해하지 않도록 꾸준히 훈련하고 관리해온 것이다.

또 한 가지 특이했던 점은 수녀들이 매일 일기를 썼다는 사실이다. 이처럼 이들은 알게 모르게 뇌에 좋은 생활 습관을 유지하고 있었고, 그 결과 죽기 전까지도 건강을 유지할 수 있었다. 근육을 사용하지 않으면 점차 근력이 약해지듯이, 뇌도 오래 사용하지 않으면 정신 건강이 약해지기 마련이다.

마약이 위험한 이유는 도파민을 과잉 분비하도록 만들기 때문이다. 약물에 한번 중독되면 계속해서 더 많은 약물을 필요로 하기 때문에 결국 몸이 과도한 자극을 견디지 못해 위험에 이른다. 하지만 약물이 아닌 일상적인 활동을 통한 도파민 자극과 그로 인한 쾌감 반응은 몸에 해롭지도 않을뿐더러 적절히 조절도 가능하다. 달리기나 등산 등 아드레날린을 분비시켜 몸에 쾌감을 전달하는 모든 활동이 중독으로 연결될 수 있지만 몸에 해악을 끼치지는 않는다.

공부 역시 마찬가지다. 모르는 것을 알고자 하는 것은 인간의 본능이기 때문에 공부를 오래 하면 할수록 쾌감을 전달하는 도파민이 뇌에 분비되어 몰입이 점점 깊어진다. 그 정도의 경지에 다다르면 "공부가 가장 쉬웠어요"라는 말이 자신도 모르게 입에서 나올지도 모른다.

『몰입』의 저자 미하이 칙센트미하이Mihaly Csikszentmihalyi 교수는 우주를 질서와 혼돈의 측면에서 이해하는 것이 바람직하며, 그 가운데에서 행복 창출의 실마리를 찾을 수 있다고 주장했다. 그는 의식에 질서를 부여하는 '마인드 컨트롤'이 행복으로 향하는 열쇠이며 그것을 가능하게 하는 것이 바로 최상의 경험, 즉 '몰입'이라고 말했다. "인간은 언제 가장 행복한가?"라는 질문에 대한 답을 찾기 위해 그는 일주일 동안 피험자들에게 시도 때도 없이 연락을 하면서 그 순간 무엇을 하고 있는지, 또 마음의 상태는 어떠한지를 조사했다. 그리고 머릿속 모든 걱정과 잡념을 떨쳐버릴 수 있는 최상의 경험, 즉 '몰입'을 할 때 인간이 가장 행복하다는 결론을 이끌어냈다.

그렇다면 몰입의 상태에 빠진 사람들이 가장 행복을 느꼈던 활동은 무엇이었을까? 놀랍게도 '공부'였다. 영화나 텔레비전을 보거나 잠을 자는 행동은 즉시적이고 순간적인 기쁨을 줄지 몰라도, 우리가 그것들을 통해 참된 몰입의 경지에 이를 수는 없다. 왜냐하면 이러한 수동적인 쾌락은 우리의 '의지'를 필요로 하지 않기 때문이다. 인간은 자신에 대한 통제권을 쥐고 있을 때 진정으로 행복해진다. 공부란 오로지 나의 의지로만 시작할 수 있는 가장 능동적인 몰입이다.

수십 년간 수천 명을 상담하고 치료한 미국의 심리학자 루이스 헤이Louise Hay는 현대인의 질병을 이렇게 정의했다.

질병은 마음의 상태를 반영한다.
남을 용서하지 못하고 미워하는 것이야말로
만병의 근원이다.

건강하게 살기 위해서는 무엇보다 마음을 튼튼하게 다스려야 한다. 어떻게 해야 내면을 단단하게 다지고 더 높은 경지로 드높일 수 있을까? 바로 통찰과 반성과 비움과 몰입이다.

공부는 지능지수와 관련이 있을까? 나이를 먹으면 점점 공부하기가 어려워질까? '공부 머리'라는 게 정말로 존재할까? 세상에는 우리의 공부 의욕을 꺾는 고정관념과 선입관이 수없이 존재한다. 하지만 분명한 점은 '공부'란 누구에게나 공평하게 열려 있는 무한한 가능성의 영역이라는 사실이다.

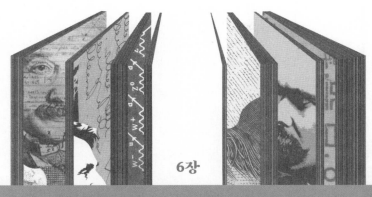

6장

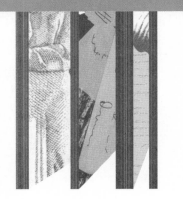

공부를 방해하는 고정관념과 선입관

IQ가 높은 사람이 공부도 잘할까?

나는 유별나게 머리가 똑똑하지 않다.
다만 변화하고자 하는 마음을 생각으로 옮겼을 뿐이다.

• 빌 게이츠

　많은 사람이 공부를 못한다는 평계를 댈 때 '머리가 나빠서' 혹은 '공부 머리가 아니라서'라는 말을 한다. 그런데 정말로 머리가 좋아야만 공부를 잘할 수 있는 걸까?

　스위스 취리히 대학에서 발표한 '185개국 평균 지능지수 연구'에 따르면 우리나라 국민들의 평균 지능지수는 106으로, 107인 홍콩에 이어 세계 2위였다. 반면 세계인들에게 각광받는 교육법을 실천하고 있는 핀란드 국민의 평균 지능지수는 97이었으며, 가장 많은 노벨상 수상자를 배출해낸 유대인은 94에 그쳤다. 그토록 공부를 열심히 해도 우리보다 적은 시간 공부하는 핀란드 학생들보다 학습 능률이 좋지 못하고, 유대인들만큼 노벨상을 수상하지 못한다는 점에서 공부의 결과에 영향을 미치는 요인이 단순히 머리, 즉 '지능지수'만은 아니라는 점이 입증된 셈이다. 그렇다면 대체 무엇이 공부를 잘하게 만드는 걸까?

사실 많은 사람이 지능지수에 대해 오해를 하고 있다. 지능지수는 원래 평범한 사람들의 지능을 측정하는 도구가 아니었다. 최초로 지능지수라는 개념을 도입한 프랑스의 심리학자 알프레드 비네 Alfred Binet 는 학습 능력이 상대적으로 부족한 사람들의 지적 능력을 측정해 그들이 좀 더 효율적으로 교육받을 수 있도록 지능지수를 만들었다. 이것이 1905년의 일이다. 지금으로부터 무려 100년도 전에 만들어진 개념인 것이다.

그는 기억과 추론을 검사하는 법을 만들어 수많은 학생의 지능지수를 측정하고, 시간이 흐른 뒤 그 능력이 어떻게 변화하는지를 확인했다. 측정 결과와 실제 학습 능력에 차이가 있다면, 차이를 다시 보정해 측정의 정확도를 조금씩 높여나갔다. 그는 진도를 제대로 따라오지 못하는 학생들을 식별하기 위해 지능지수라는 도구를 만든 것이지, 이 측정 방식이 모든 사람의 지능을 측정하는 도구가 되는 일은 경계했다. 특히 모든 학생에게 지능지수를 적용해 서열

화하는 일을 극구 반대했다.

비네의 우려가 현실화된 것은 미국의 심리학자 루이스 터먼Lewis Terman 때문이었다. 그는 오늘날 널리 쓰이는 지능지수 순위 매기기의 대표적인 장치인 'IQ 테스트'의 기초를 세웠다. 터먼은 유아부터 성인에 이르기까지 연령에 맞게 난이도순으로 문제를 출제했고, 그 결과를 분석하고 산출하는 '스탠퍼드 비네 검사법'을 창안했다. 이는 곧 '현대식 IQ 테스트'의 전신이 되었다.

1970년대 이후 사람의 지능에 대한 연구가 계속되면서 결국 복잡하고 오묘한 뇌 기능을 몇 가지의 질문만으로 측정할 수 없다는 의견이 제기되기 시작했고, 지금은 지능지수만을 절대적으로 맹신하는 사람이 많이 줄어들었다. 게다가 IQ 테스트는 산술 능력, 기억력 등 몇 가지 요소만을 중점적으로 측정하고 내용도 편협해서 그 사람이 지닌 공부 역량과 미래의 가능성을 예측할 수 없다.

아인슈타인 이후 최고의 천재라고 평가받는 물리학자 리처드 파인먼은 IQ가 148이 넘는 상위 2퍼센트의 사람만 들어갈 수 있는 '멘사 클럽'의 가입 권유를 받고서 다음과 같은 말을 남겼다.

"미안하지만 나는 당신들만큼 지능지수가 높지 않기 때문에 가입할 수 없다네."

실제로 파인먼의 지능지수는 123이었다.

지능지수 측정법만으로 창의력, 문제해결력, 통찰력, 탐구력과 같은 인간의 다양한 지적 능력을 수치화하고 판단하는 일은 불가능하다. 시험 성적은 물론 사회적 위치나 연구 성과와도 전혀 무관하다. 비네도 언급했듯이 학습 진도를 따라오지 못하는 학생들을 선별하기 위한 적절한 학습 도구였을 뿐, 그 이상도 그 이하도 아닌 것이다.

그렇다면, 공부에 영향을 미치는 결정적인 요인은 무엇일까? 정답은 '뇌 자극'이다. 3부에서 자세히 다루겠지만 미리 간단히 소개하자면 다음과 같다. 바로 '뇌가 좋아하고 흥분하는 방식'으로 공부하는 것이다. 앞서 소개한 핀란드인과 유대인과 인도인의 공통점은 뇌를 끊임없이 자극하고 활성화시키는 공부를 한다는 점이다. 이에 대해서는 뒤에서 자세히 살펴보겠다.

기억력은 감퇴하는 게 아니라
둔화되는 것이다

늙음은 무지한 사람에게는 혹독한 겨울이지만
공부한 자에게는 수확의 계절이다.

• 유다 리브 라제로프

    지능지수와 상관없이 우리는 누구나 공부를 잘할 수 있다. 다시 한번 강조하지만, "나는 원래 머리가 나빠서 공부를 못해"라는 말은 도저히 통하지 않는 변명이다.

    한때 뇌 기능은 타고나거나 어릴 적에 대부분 완성되기 때문에 한번 미성숙한 아이는 영영 머리 좋은 아이가 될 수 없다는 말이 과학적 정설인 것처럼 받아들여졌다. 물론 이는 사실과 다르다. 공부를 하면 할수록 머리가 좋아진다는 말은 그저 용기와 희망을 심어주기 위한 빈말이 아니다. 과학적 근거와 구체적 사례가 있는 진실이다. 머리가 나빠서 공부를 잘 못하는 것이 아니라, 공부를 안

하니까 머리가 점점 나빠지는 것이다. '공부의 선순환'이자, 머리의 악순환'인 셈이다.

또한 우리는 "공부에도 다 때가 있다", "나이를 먹으면 머리가 굳어서 공부할 수 없다"라는 거짓말을 한다. 나이가 들어 몸이 성장을 멈추면 뇌도 노화가 시작되므로 모든 인지 능력이 쇠퇴한다고 믿는 사람이 많다는 것이다. 그런데 정말로 그러할까? 사실 뇌에 있어 나이보다 더 중요한 것은 적절한 관리, 즉 끊임없이 무언가를 배우고 익히려는 태도다. 나이가 적든 많든 누구나 얼마든지 자신의 뇌 기능을 향상시킬 수 있다.

물론 뇌도 신체의 일부이기 때문에 시간이 흐를수록 기능이 약해지고 제대로 작동하지 않는 일이 발생한다. 하지만 놀라운 사실은 우리 몸에서 가장 늦게 노화가 시작되는 부위가 '뇌'라는 점이다. 팔이나 다리와 같은 신체의 크기는 20대가 지나면 성장이 끝나고 노화가 시작된다. 더 이상 크기가 커지거나 기능이 향상될 수 없는 구조다.

반면 뇌는 평균적으로 약 40대부터 노화가 일어난다. 게다가 뇌는 40대 이후에도 얼마든지 계속해서 세포를 만들어내고 증식시킬 수 있는데, 이는 뇌 속의 밀도와 연결망을 변화시키는 중요한 기능을 한다. 결국 나이가 들었다고 해서 집중도 안 되고 공부도 할 수 없다는 말은 거짓말에 불과하다. 공부에도 다 때가 있다는 말은 옛말이다.

공부를 하면 우리의 뇌는 신선한 자극을 받는다. 모르던 것을 알게 되므로 지적 호기심이 충족되고 쾌감을 느끼게 된다. 공부를 계속하는 사람은 뇌가 잘 퇴화되지 않을뿐더러 오히려 뇌세포의 양도 늘릴 수 있다. 공부를 하면 뇌 속의 회로는 더욱 복잡하고 세밀하게 재편성된다. 경험과 노력에 따라 긍정적인 시너지 효과도 일으킬 수 있다.

이를 인지과학적 용어로 '뇌 가소성Brain Plasticity'이라고 한다. 초기에는 이러한 뇌 가소성의 발달이 유아기나 청소년기에만 이루어진다고 여겼다. 하지만 뇌과학이 발달하면서 이러한 견해가 틀렸다는 것이 증명되었다. 인간의 뇌는 나이를 따지지 않고 끊임없이 변화를 거듭한다. 캘리포니아 대학의 뇌과학 연구팀은 교육의 정도가 좋은 사람들, 즉 꾸준히 공부를 한 사람들과 그렇지 않은 사람들의 뇌를 관찰해보았는데, 전자의 부류에 속하는 사람들일수록 뇌의 신경 세포 가지가 많이 나뉘어져 있었다고 발표했다.

공부를 하면 할수록 뇌세포는 반드시 늘어난다. 근육도 사용할

수록 탄탄해지고 양이 늘어나듯이, 공부를 하면 할수록 뉴런에 있는 수상돌기가 늘어나고 뇌세포의 가짓수도 다양해진다. 치매와 같은 질환을 예방할 수 있기 때문에 정신적으로도 건강하게 살 수 있다. 반복적인 게임이나 고스톱보다는 글쓰기와 같이 직접 써보는 일이나 상상력 혹은 창의력을 발휘하는 활동이 훨씬 더 우리의 삶을 건강하게 만들어준다.

호주 뉴사우스웨일스 대학의 심리학과 연구원 로라 헤인스Laura Haines는 20세 전후의 젊은이들과 70세 전후의 노인들을 대상으로 사람의 기억력에 대한 연구를 실시했다. 결과는 나이와 기억력은 전혀 관련이 없다는 것이었다. 사람들은 당연히 나이를 먹으면 건망증이 심해지고 기억력이 감퇴한다고 생각한다. 물론 사람의 뇌에는 나이가 들수록 점점 더 많은 기억이 들어차게 되고, 그것이 어지럽게 뒤섞이므로 무언가를 떠올리는 일이 힘들어지는 게 사실이다. 하지만 이는 뇌 기능이 감퇴하는 것이 아니라 그저 저장 창고에서 필요한 물건을 꺼내는 데에 시간이 더 걸리는 것일 뿐이다.

10년을 산 사람과 70년을 산 사람의 기억 창고는 당연히 양적으로 엄청난 차이가 있을 수밖에 없다. 나이가 많은 사람이 젊은 사람에 비해 무언가를 떠올리는 데에 더 시간이 오래 걸리는 까닭은 가득 찬 기억 창고 속에서 헤매기 때문이다. 그럼에도 결국 전구에 불이 들어오듯 기억해내고 마는 게 인간의 뇌다.

기억을 잃어버리는 병에 걸리지 않는 이상 우리는 기억을 완전히 망각하지 않는다. 뇌세포 어딘가에 분명 존재하지만 단지 검색에 실패할 뿐이다. 그러니 나이가 들었다고 해서 공부를 포기해서는 안 된다. 오히려 지혜가 더욱 풍부해져 공부하기에 적합한 뇌가 된다. 공부에도 때가 있다는 말은 그래서 거짓말이다.

후천적 천재는 선천적 천재보다 강하다

배우지 않는 천재는
광산 속의 은이나 마찬가지다.

• 벤저민 프랭클린

세상에는 태어날 때부터 천재인 사람도 있고, 부단한 노력으로 후천적인 천재가 된 사람도 있다. 또 좋은 스승을 만나 천재로 거듭난 사람도 있고, 극히 드문 경우지만 사고로 인해 뇌 손상을 입었다가 하루아침에 천재가 된 사람도 있다. 결론적으로 말하자면 우리 모두는 천재가 될 수 있다. 다만 대다수의 사람이 그 길을 한 번도 걸어본 적이 없기 때문에 평생 자신의 천재성을 발견하지 못한 채 살아가고 있다.

미국의 피아니스트 레슬리 렘키Leslie Lemke는 녹내장과 뇌성 소아마비, 뇌 손상을 안고 태어났다. 태어나자마자 눈 제거 수술까지

받았던 그는 일곱 살이 될 때까지 어떠한 소리도 내지 못했고 어떠한 움직임도 보이지 못했다. 12세에 처음 일어났으며 15세가 되어서야 걷기 시작했다. 하지만 그는 역사상 가장 뛰어난 음악적 백치천재로 평가받고 있다. 정규 음악 교육이라고는 받아본 적 없지만 아무리 길고 어려운 곡이라도 한 번 들으면 그대로 연주했고, 심지어는 모방을 넘어 자기 스타일로 창조까지 해냈다. 그의 IQ는 58에 불과했다.

미국 콜로라도 대학의 심리학자 앤더스 에릭슨Anders Ericsson은 자신의 책 『전문지식 및 전문가의 케임브리지 편람』에서 "천재는 태어나는 것이 아니라 만들어지는 것"이라고 이야기했다. 에릭슨 교수는 천재가 만들어지는 원리를 '70퍼센트의 노력과 29퍼센트의 좋은 환경 및 가르침, 그리고 1퍼센트의 영감'이라고 설명했다. 과학이나 예술 분야에서 큰 성공을 이룬 사람들의 지능지수는 보통 사람들보다 약간 높은 115~130 정도로, 이와 비슷한 지능지수를 가진 사람은 전체 인구의 14퍼센트라고 한다. 하지만 이상하게도 우리가 '천재'라고 부르는 사람들의 숫자는 이보다 훨씬 적다. 대략 백 명 중에 열네 명 정도는 천재가 될 수 있는 조건을 갖추었음에도, 실상은 자신의 뇌 기능을 다 써먹어보지도 못한 채 살아간다는 뜻이다.

천재는 반드시 남보다 뛰어난 지능지수를 갖고 태어나야만 될 수 있는 게 아니다. 즉, 누구든지 노력하면 얼마든지 천재가 될 수 있다. 이 말에 의문이 생긴다면 음악의 신동이라 평가받는 볼프강 아마데우스 모차르트Wolfgang Amadeus Mozart의 삶을 살펴볼 필요가 있다. 많은 사람이 타고난 음악적 감각으로 모차르트가 천재의 반열에 올랐다고 생각하지만, 사실 그는 지독한 노력파였다. 35년이라는 짧은 생애 동안 600여 편에 이르는 걸작을 만들어낸 원동력도 노력이었다. 그가 쓴 초작 악보를 살펴보면 수천 번 고친 흔적이 역력하다. 곡을 쓰다 진척이 더뎌 도중에 포기한 흔적도 많았다. "일은 나의 주된 즐거움이다"라는 그의 말 속에는 그가 생전에 얼마나 노력을 즐기고 사랑했는지가 잘 드러난다.

음악의 아버지 요한 제바스티안 바흐Johann Sebastian Bach 역시 이와 비슷한 말을 남겼다.

나는 부지런히 노력했다.
그 누구라도 나처럼 노력한다면
나와 같은 업적을 이룰 수 있을 것이다.

아인슈타인은 또 어떠했는가? 그는 50년 동안 248편의 논문을 썼다. 거의 평생을 연구와 논문 쓰기에 바친 것이다. 학창 시절 아인슈타인은 하위권에 머무르는 학생이었다. '산수도 제대로 못하는 저능아'로 낙인찍혔던 열등생이었다. 하지만 그는 자신만의 공부법으로 꾸준히 노력해 천재성을 깨울 수 있었고, 후세가 인정하는 최고의 물리학자로 이름을 남길 수 있었다.

풀리처상과 노벨 문학상을 동시에 수상한 미국의 천재 소설가 어니스트 헤밍웨이Ernest Hemingway는 자신의 대표작 『노인과 바다』를 무려 200번이나 고쳐 썼다. 우리가 천재라고 기억하는 사람들은 모두 평생 동안 남모를 고통 속에서 노력에 노력을 거듭한 사람들이다.

스탠퍼드 대학의 발달 심리학자 캐럴 드웩Carol Dweck 교수는 학습자의 공부하는 과정이 학습 결과에 어떤 영향을 미치는지 연구했다. 그녀는 자신의 저서 『학습동기를 높여주는 공부원리』에서 공부하는 사람을 크게 두 부류로 나누었다. 첫 번째 부류는 노력하면 반드시 실력이 향상될 것이라고 믿는 집단이다. 두 번째 부류는 아무리 노력해도 지능지수가 고정되어 있어서 실력이 향상되지 않을 것이라고 믿는 집단이다.

모든 사람은 이 두 부류 중 반드시 한쪽에 속해 있다. 당신은 어떤 사람인가? 노력할수록 실력이 나아질 것이라 믿는가, 혹은 아무리 노력해도 정해진 한계와 지능지수 때문에 더 이상 나아질 수 없다고 믿는가?

발달심리학에서는 전자를 '발달 이론 집단', 후자를 '실체 이론 집단'이라고 부른다. 그리고 이 두 집단은 공부를 하는 중 실수를 경험하거나 어려운 문제에 맞닥뜨렸을 때 극명한 차이를 보였다. '발달 이론 집단'에 속한 사람들은 실수를 하거나 문제를 풀지 못해도 '나중에 더 열심히 노력해야겠다'고 생각하기 때문에 실패 자체에 크게 연연하지 않았다. 반면 '실체 이론 집단'에 속한 사람들은 '이번에 실패했으니까 다음에도 실패할 것이다'라고 확신하며 자신에게 한계라는 잣대를 드리웠다. 실패를 인정하고 다른 길을 찾는 게 도리어 현실적이라고 생각하는 것이다.

진부한 말 같지만, 분명 생각의 차이가 인생을 좌우한다. 노력을 통해 자신이 더 나아질 수 있다고 믿는 사람은 반드시 그렇게 된다. 어떤 사람에게는 실패가 더 나은 공부를 위한 밑거름이 되기도 하고, 또 어떤 사람에게는 평생 다시는 공부에 손을 대지 못하게 만드는 원인이 되기도 한다. 모차르트와 바흐, 아인슈타인과 헤밍웨이 등 인류를 통틀어 '천재'라 불린 사람들의 공통점은 '발달 이론 집단'에 속한 사람들처럼 자신의 노력을 믿고 끊임없이 앞을 향해 나아갔다는 것이다.

에빙하우스의 망각 이론을
믿어서는 안 되는 이유

> 목적 없는 공부는 기억에 해가 될 뿐이며,
> 머릿속에 들어온 어떤 것도 간직하지 못한다.
>
> • 레오나르도 다빈치

독일의 심리학자이자 실험 심리학의 선구자인 헤르만 에빙하우스Hermann Ebbinghaus는 '망각곡선 이론'이라는 가설을 세상에 내놓았다. 그리고 이 가설은 수세기 동안 여러 학자에게 영향을 미쳤고, 특히 교육학 이론을 뒤바꿔놓았다.

이 이론에 따르면 사람은 누구나 무언가를 공부한 뒤 10분 후부터 망각이 시작되는데, 1시간 후에는 암기한 내용의 절반가량이 머릿속에서 사라지고, 하루가 지나면 3분의 1만이 남으며, 한 달이 지나면 5분의 1만 남는다고 한다. 그리고 이 망각의 정도를 그래프로 나타낸 것이 '망각곡선'이다.

특히 에빙하우스의 망각곡선 이론은 한국의 교육계를 점령하며 고등학교와 대학교, 심지어 학원가에까지도 빠르게 유입되었다. 수많은 교육 전문가는 이 이론이 탄생한 배경과 에빙하우스의 연구 과정을 제대로 살펴보지도 않은 채 단순히 '시간이 지날수록 망각이 가속화된다'는 결론만을 가져와 학생들에게 매우 높은 강도의 '반복 암기 공부법'을 강요했다. 그들은 반복적인 암기만이 망각을 극복할 수 있다고 주장했고, 그에 대한 과학적 근거로 에빙하우스의 망각곡선 이론을 들었다.

실제로 에빙하우스가 망각곡선 이론을 입증하기 위해 진행한 실험 내용은 다음과 같았다. 우선 서로 다른 무의미한 세 개의 철자를 2300개 만든다. 그리고 피험자가 이를 암기할 때 머릿속 어떤 원리에 의해 정보가 저장되는지를 측정했다. 실험 초창기에 그는 피험자들에게 20개 정도의 단어를 외우게 한 뒤 며칠 후 그가 얼마나 제대로 기억하고 있는지를 검사했다. 그 결과 처음보다는 두 번 했을 때가, 두 번째보다는 세 번 했을 때가 더 기억이 잘된다는 사실을 발견했다.

하지만 당시에는 기억력을 객관적으로 측정할 수 있는 장비와 기술이 매우 부족한 상태였기 때문에 정확한 통계 수치를 구하기가 쉽지 않았다. 결국 기존의 실험 방식으로는 연구를 지속할 수 없다고 판단한 에빙하우스는 자신이 직접 실험 대상자가 되어 망각에 관한 실험을 이어나갔다. 실험을 계획하고 평가해야 할 사람이 어처구니없게도 피험자가 되어 홀로 무작위로 단어를 마구 외운 뒤 기억나지 않는 정도를 측정했던 것이다. 이런 과정을 거쳐 그는 "망각은 시간의 경과와 관련이 있다"라는 결론을 발표했고, 자신의 모든 연구 결과를 『기억에 관하여』라는 책에 정리해 세상에 내놓았다.

그런데 과연 이런 과정 속에서 나온 연구 결과를 완전히 신뢰할 수 있을까? 에빙하우스는 지극히 주관적인 방식으로 실험을 했고, 인간의 망각과 시간의 관계를 의미 없이 단순화시켜버렸다. 그리고 이 이론 때문에 아직까지도 많은 학생이 달달 외우고 또 외우는 '반복 학습'에 열을 올리고 있다. 그의 실험 이후 100여 년이 흐른 지금은 인간의 망각이 시간의 흐름과 크게 상관이 없다는 과학적 근거가 속속 밝혀지고 있다. 오히려 하루가 지나면 기억이 더 잘된다는 사실이 밝혀지기도 했다.

예를 들어 우리가 드라마를 볼 때는 일부러 암기하면서 보지 않아도 내용이 머릿속에 잘 입력된다. 그냥 그 순간을 즐기기 때문에 저절로 몰입이 되고 시간이 지나도 기억나는 것이다. 심지어는 청소기를 돌리며 드라마를 봐도 처음부터 끝까지 모든 장면이 완벽히 기억나기도 한다. 왜 그럴까? 드라마는 인과관계가 있는 '에피소드'다. 연관된 사건들이 꼬리에 꼬리를 물고 일어난다. 즉, 처음 하나의 사건만 기억해내면 연쇄 반응처럼 자동적으로 다음 사건을 떠올릴 수 있다. 바로 이것이 우리가 무언가를 가장 효율적으로 암기할 수 있는 기억 메커니즘의 원리다.

뇌를 자세히 들여다보면 일련의 폐쇄 회로와 같다. 어떤 사건을 기억해내면 그 기억과 관련된 뇌세포에 신호가 흐르고, 이 흐름과 자극으로 인해 그와 관련된 또 다른 뇌세포에 신호가 흐르게 된다. 즉, 하나의 기억이 살아나면 근처에 있는 관련된 기억들이 모두 함께 살아나는 셈이다.

반면 관련이 전혀 없는 생뚱맞은 기억을 꺼내기 위해서는 수천 개의 뇌세포를 거쳐 가야 하기 때문에, 에빙하우스와 같이 무작위로 정보를 마구 외워대는 건 기억의 비밀을 설명하기에 너무나 비효율적인 실험 방식이다. 또 간혹 우리는 완전히 까먹고 잊던 일을 갑자기 기억해내기도 하지 않는가? 이 역시 에빙하우스의 망각곡선 이론으로는 설명되지 않는 부분이다.

인간의 기억이 단순히 시간의 흐름에 비례해 망각된다는 것은 빈약한 논리다. 그리고 이를 입증하는 실험이 존재한다. 바로 심리학에서 말하는 '레미니슨스Reminiscence 효과'다. 이는 학습한 직후보다 일정 시간이 흐른 뒤 오히려 더욱 생생하게 기억되는 현상을 뜻한다.

우리 뇌의 복잡하고 미묘한 활동인 기억의 메커니즘을 단순화하는 오류에 빠져서는 안 된다. 뇌과학이 발달했다고는 하나 아직 우리는 뇌가 가진 비밀을 절반도 풀어내지 못했다. 가령 왜 잠을 자고 나서 기억이 더 생생해지는지, 단기 기억에서 장기 기억으로 전환되는 판단의 기준이 무엇인지, 완전히 잊었다고 생각했던 오래전 일들이 왜 갑자기 어느 순간 또렷해지는지, 알고 보면 사실 인간은 아무것도 망각하지 않은 것인지 혹은 단지 기억을 못할 뿐인지, 각인되어 있던 수많은 기억의 흔적과 패턴들이 생리학적으로 뇌가 멈추면 아예 사라져버리는 것인지 혹은 에너지 보존 법칙에 의해 우주 너머 어딘가에 저장되어 있는지, 풀리지 않은 뇌의 미스터리는 아직 인류의 숙제로 남아 있다.

물론 에빙하우스의 망각곡선 이론이 100퍼센트 틀렸다고 이야기하는 것은 아니다. 다만 공부의 이론을 설명하기 위해 아무 비판 없이 갖다 쓸 만한 내용의 실험은 아니라는 점을 이야기하고 싶다. 인간의 기억은 단순히 시간에 비례하여 망각되지 않는다. 그러기에 우리의 뇌는 대단히 복잡하고 고도로 발달된 미지의 영역이다.

억지 노력으로는
아무것도 성취할 수 없다

시작할 때 위대할 필요는 없다.
그러나 시작하면 위대해진다.

• 지그 지글러

　무작정 공부를 열심히 한다고 해서 공부를 잘할 수 있는 것은 아니다. 공부는 '즐기는 자'의 것이다. 재미가 있어야 효과도 배가되기 때문이다. 흔히 "피할 수 없다면 즐겨라"라는 말을 하곤 하는데, 피할 수 없기 때문에 즐기는 것은 말이 안 된다. 재미가 있어야만 즐길 수 있는 것이다. 진정으로 공부를 즐길 때 우리는 자기 자신의 한계를 뛰어넘을 수 있다. 공부 자체에 몰입해야만 공부도 얻고, 성과도 얻고, 자아도 얻을 수 있다. 그렇다면 공부를 즐길 수 있는 가장 좋은 방법은 무엇일까?

　정답은 스스로 공부와 '친해지는 것'이다. 그리고 결코 눈앞에

닥친 일에 흔들리거나 연연해하지 말아야 한다. 단기적인 성패가 아닌 인생의 큰 그림을 그릴 수 있어야 한다. 그 속에서 공부의 의미가 무엇인지, 왜 공부해야 하는지, 내가 제대로 가고 있는지, 그렇다면 참된 공부란 무엇인지 스스로 질문을 던지고 답을 찾아야 한다. 자신만의 확실한 답을 찾을 때 그제야 비로소 공부가 재미있어진다. 괴롭고 재미없고 하기 싫은 일이 아니라, 고맙고 즐겁고 하고 싶은 일로 바뀐다.

왜 그럴까? 바로 '보상 심리' 때문이다. 자신이 스스로 찾아낸 '공부의 이유'를 달성하면 스스로가 뿌듯하고 대견해진다. 제대로 된 길을 걸어가고 있다는 확신을 느낄 때마다 공부에 감사하는 마음까지 생겨난다. 모르고 있던 세계와 새로운 지식의 바다에 닿을 때 우리의 뇌 속에서는 쾌감 물질이 생성되고, 이때 우리는 공부의 참맛을 느끼는 몰입의 경지에 이르게 된다. 단순히 출세만을 목표로 한 공부로는 결코 느끼지 못할 기쁨을 느끼게 된다.

현존하는 최고의 경영 사상가이자 작가인 짐 콜린스Jim Collins의 저서 『좋은 기업을 넘어 위대한 기업으로』에서도 이러한 공부의 교훈을 얻을 수 있다. "왜 좋은 기업들이 위대한 기업으로 나아가지 못하는가?"라는 질문에 짐 콜린스는 "이미 좋은 기업은 그럭저럭 알아서 굴러가기 때문에 더 높은 목표를 추구하지 않고 그 위치에서 안주한다"라는 대답을 내놓았다.

공부도 마찬가지다. 그럭저럭 좋은 간판, 좋은 직장, 좋은 환경, 좋은 성적, 좋은 학위는 우리를 좋은 사람으로 만들어줄 순 있지만 위대한 사람으로 만들어주지는 못한다. 달성하고 나면 그 자리에서 만족하며 게으르고 나태해질 수밖에 없다. 반면 매 순간 더 높은 목표를 꿈꾸고 새로운 지식을 갈망하는 사람은 현재에 안주하지 않는다. 그리고 공부하면 공부할수록 뇌를 기쁘게 만들기 때문에 심리적인 보상까지 얻게 된다. 꿈이 실현될 수 있다는 기대감도 점차 자라나게 된다.

이탈리아 속담 중에 이런 말이 있다.

천천히 가는 사람이 길게, 또 멀리 간다.

또 고사성어 중에 '욕속부달欲速不達'이라는 말도 있는데, 이는 '너무 빨리 가고자 욕심을 내면 오히려 미치지 못한다'는 의미다. 출세만을 목적으로 한 공부가 실패하는 이유는 마음이 조급해지고 사심이 생겨 진리를 놓치기 때문이다. 공부를 온전히 즐기지 못하고 빠르게 질주하다가 제 풀에 지쳐 포기하고 마는 것이다. 공부는

100미터 달리기가 아닌 마라톤이다. 적절한 안배가 무엇보다도 중요하다. 하지만 조금만 더 하면 곧 고지가 보인다는 생각에 내달리는 사람들은 그저 남들보다 빨리, 높이 올라가려고 자기 페이스를 잃고 만다. 아까운 에너지와 시간을 낭비할 뿐이다.

공부를 통해 저절로 얻을 수 있는 최고의 보상은 단연 기쁨이다. 그리고 그 길을 서두르지 말아야 한다. 한 걸음씩 걸어갈 수 있는 초연함과 담대함을 갖춰라. 이것이 앞서 살펴본 공부의 거장들이 모두 갖춘 자질이었다.

『톰 소여의 모험』의 작가 마크 트웨인Mark Twain은 "성공의 비결은 당신의 직업vocation을 휴가vacation로 만드는 것이다"라고 말했다. 공부 역시 이왕이면 괴로운 노동이 아닌 즐거운 놀이라고 생각하면 어떨까? 넬슨 만델라Nelson Mandela가 "세상에서 가장 어려운 일은 세상을 바꾸는 것이 아니라 우리 자신을 바꾸는 것이다"라고 말한 것처럼, 당장 습관과 사고방식을 바꾸기란 쉽지 않을 것이다. 어쩌면 한 번도 도전해보지 않았기 때문에 두려울 수도 있다. 그러나 방법은 많다. 서두르지 말되 의지만 강하게 갖춘다면 벌써 찾은 것이나 다름없다.

마지막으로 그리스 스토아학파의 철인哲人 에픽테토스Epictetus가 남긴 말을 읽으면서 우리가 해야 할 일과 몫에 대해 다시 한번 곱 씹어보기 바란다.

나는 죽어야 한다.
그렇다고 내가 슬퍼하며 죽어야겠는가?
나는 사슬에 묶여야 한다.
그렇다고 비탄에 젖어 살아야 하겠는가?
나는 추방당해야 한다.
그렇다고 즐거워하며 나갈 순 없을까?
누군가 당신을 감옥에 가둔다고 할 때
당신은 뭐라고 대답할 것인가?
나는 이렇게 말할 것이다.
당신은 내 몸을 감옥에 가둘 수는 있지만
내 정신은 제우스 신이라도 억압할 수 없다.

급이
다른 공부를
완성하는
뇌의 비밀

3부

더 오래 보고 자주 반복해서 외워야 공부를 잘할 수 있다는 우리의 믿음은 사실일까? 안타깝게도 지금껏 우리는 뇌가 가장 싫어하는 방법으로 공부를 해왔다. 적절한 자극과 도전, 그리고 보상을 통해 뇌의 기능을 극대화할 때 공부가 기쁨이 되고 효율도 올라갈 수 있다. 우리의 뇌는 언제나 새로움에 목말라 있다.

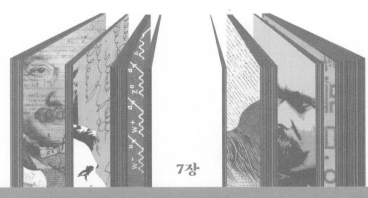

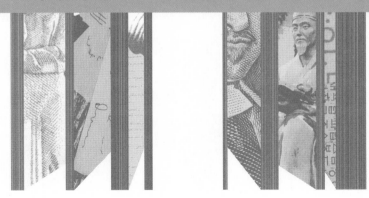

7장

뇌가 기뻐하는 공부법이란 무엇인가?

공부할수록 뇌는 진화한다

뇌는 건축가다.
모델을 만들고 다양한 조각들을 하나로 합친다.

• 조 디스펜자

　뇌의 관점에서 볼 때 무언가를 익히고 배우는 '공부'의 과정을 어떻게 설명할 수 있을까? 일단 공부를 통해 습득된 모든 정보는 뇌 속에 집결된다. 이렇게 모인 정보는 '뉴런'이라고 불리는 뇌 속 신경 세포에 의해 저장되고, 훗날 필요할 때마다 다시 꺼내어져 사용된다. 즉, 뇌에서 이루어지는 공부의 과정을 해체해보면 정보를 '인식'하고 '저장'한 뒤 그것을 '사용'하는 반복적인 과정이라고 말할 수 있다.

　하지만 공부를 단순히 뇌의 정보 처리 과정만으로 설명하기에는 한계가 있다. 공부는 인간의 생리학적, 정서적, 인지적, 사회적 활동이기 때문이다. 뒤에서도 자세히 살펴보겠지만 공부는 뇌와 몸, 그리고 마음을 모두 활용하는 종합적인 활동이다. 우리의 뇌가 마음의 상태를 좌우하고 마음이 다시 뇌에 영향을 주며, 몸의 건강과 영양 상태에 따라서도 뇌 반응의 가장 기본적인 단위인 '활동 전위(생물체의 세포나 조직이 활동할 때 일어나는 전압 변화)'가 달라질 수 있다. 오늘 만난 사람이 누구인지, 어제 어디를 방문했는지, 내일 무슨 일을 계획했는지 등의 크고 작은 일상 속 모든 사건까지도 뇌의 학습 능력에 영향을 미친다.

종종 뇌의 기억 능력을 컴퓨터 폴더 속 수많은 파일을 한꺼번에 저장하고 이동시키는 작업으로 비유하기도 한다. 하지만 인간의 기억은 데이터와 같이 실제 존재하는 것으로 보기 어렵다. 내가 어제 수학 공식 하나를 공부하고 외웠다면, 그 기억이 데이터처럼 특정한 뉴런 안에 고스란히 저장되는 게 아니라는 뜻이다. 어제 공부한 지식은 뇌 속에 존재하는 수많은 뉴런에 분산되어 흐름의 패턴 정도로만 각인될 뿐이다. 또한 이런 유동적인 흔적조차도 한두 개의 뉴런이 아닌, 셀 수 없이 많은 뉴런에 분산되어 공유되기 때문에 기억이라는 활동을 단순하게 정의 내리기란 분명 쉽지 않은 일이다.

즉, 공부란 몸 밖에서 일어나는 관계(나와 세상), 몸 안에서 이루어지는 관계(몸과 마음과 뇌), 그리고 뇌 속에서의 관계(1000억 개가 넘는 뉴런)가 끊임없이 상호작용하는 활동이라고 설명할 수 있다. 뇌 속에 들어온 우리의 기억은 아주 짧은 화학 반응을 일으킨 후 순식간에 파편이 되어 사라지는데, 이 반응 하나하나도 모두 다르다. 인류 역사상 어제와 똑같은 비가 내린 적이 한 번도 없듯이 우리의 뇌 역시 1초 전의 모습과 1초 후의 모습이 완전히 다르고, 뉴런과 몸과 세상의 상태도 계속해서 변화한다.

2000년에 노벨 생리·의학상을 수상한 미국의 생리학자 에릭 캔들Eric Kandel 박사는 이렇듯 복잡하게 얽혀 있는 공부와 뇌의 관계를 오랜 시간 연구했다. 그는 특히 공부의 과정이 세포 차원에서 어떻게 이루어지는지를 추적했다. 그의 연구 결과가 발표되기 전까지만 해도 수많은 뇌과학자와 학습 전문가들은 인간의 두뇌가 오래될수록, 즉 나이를 먹을수록 뇌가 공부에 적합하지 않게 퇴화한다고 주장했다. 하지만 캔들의 연구 결과는 정반대였다. 그는 자신의 견해를 이렇게 주장했다.

공부를 하면 할수록 뇌 속의 회로가 변화한다.

그뿐만 아니라 끊임없이 새로운 회로를 만든다.

그의 주장처럼 뇌는 끊임없이 변화하며, 쓸수록 성장을 거듭한다. 뇌 속 구조가 더욱 복잡해지며 뉴런의 개수가 더 많아져 결과적으로는 뇌의 기능이 향상된다는 뜻이다.

컴퓨터의 성능을 업그레이드하기 위해서는 장치, 즉 핵심이 되는 칩을 바꿔야 한다. 예를 들어 '펜티엄Pentium'이라는 단위가 있다. 컴퓨터에서 뇌의 기능을 담당하는 'CPU'의 성능을 표시하는 단위인데, 한번 펜티엄4로 만들어진 컴퓨터는 아무리 성능을 업그레이드해도 펜티엄4 이상의 기능을 발휘할 수 없다. 자가 발전도 불가능하다.

하지만 인간의 뇌는 본래의 기능 그 이상으로 향상될 수 있으며, 스스로 진화도 가능하다. 비슷한 지능지수를 갖고 태어난 두 명의 사람이 있다고 치자. 한 사람은 평생 꾸준히 무언가를 공부했고 나머지 한 사람은 공부와는 거리가 먼 삶을 살았다면, 분명 세월이 흐른 뒤 두 사람의 뇌 기능은 현격히 차이가 벌어졌을 것이다.

이처럼 공부하면 공부할수록 뇌의 기능은 꾸준히 향상된다. 사실 엄밀히 말하자면 뇌가 진화하는 게 아니라 이미 간직하고 있는 무궁무진한 능력이 발휘되는 것이다. 그렇다면 어떻게 해야 뇌 기능을 효과적으로 향상시킬 수 있을까? 뇌가 기뻐하는 공부법이란 대체 무엇일까?

반복은 가장 비효율적인 공부법이다

잘하지도 못할 일에 어설프게 매달려서 낭비할 만큼
우리가 가진 시간은 많지 않다.

• 이세돌

뇌가 가장 좋아하는 공부법을 알기 위해서는 반대로 뇌가 가장 싫어하는 공부법이 무엇인지를 알면 된다. 뇌는 어떤 공부법을 가장 싫어할까? 결론부터 말하자면 우리가 그토록 어릴 적부터 공부의 왕도이자 정설로 여겨왔던 '반복 공부법'이다. 이는 과학적으로도 뇌의 기능과 능력을 활성화시키고 극대화할 수 있는 방법이 절대 아니다.

왜 복습하고 다시 외우는 반복 공부법이 비효율적일까? 첫 번째로 뇌는 애초에 기계적인 반복을 싫어하며, 이미 배운 것에 대해 집중하지 않으려는 특성을 갖고 있기 때문이다. 이를 '회귀 억제 현상'이라고 하는데, 우리의 뇌는 언제나 색다른 것에 호기심을 느끼고 몰입하는 성질이 있기 때문에 이러한 뇌의 본능을 무시하고 억압하는 반복 공부법은 당연히 비효율적일 수밖에 없다. 즉, 신선한 정보를 계속 주입해주고, 적절한 동기 부여를 하며, 압박을 주고 변화를 주어야만 효과적으로 공부할 수 있다는 뜻이다.

독일 브레멘 대학의 교수이자 뇌 연구가인 게르하르트 로트 Gerhard Roth는 "인간의 뇌는 모든 프로세스를 자동화하려는 성향이 있다. 그래야만 작업이 갈수록 쉬워지기 때문이다. 이는 신진대사의 관점으로 보더라도 경제적이다"라고 이야기했다. 애초에 게으른 습성이 있는 뇌에게 반복적으로 같은 지식을 주입하면 그만큼 우리의 뇌는 지루함을 느끼고 자가 발전하지 않는다는 사실을 입증하는 말이다.

두 번째로 오랫동안 과학적 정설로 믿어져왔던 뇌의 '기억 메커니즘 3단계'가 전부는 아니라는 사실이 밝혀졌기 때문이다. 고전적인 학습 메커니즘의 관점에서 말하는 '기억'은 먼저 정보를 '인식'한 뒤 그 정보를 '기억'하며, 필요에 의해 꺼내지는 '활용'의 3단계를 거친다. 쉽게 컴퓨터 용어로 비유하자면 '입력', '저장', '출력'의 3단계라고 표현할 수 있다.

그런데 이런 경험을 한번 떠올려보자. 긴가민가했던 사실을 상대방에게 설명해줌으로써 그 사실이 좀 더 머릿속에 분명하게 박힌 경험 말이다. 우리는 이러한 크고 작은 일상의 반복을 통해 기억을 점차 '강화'해나간다. 누군가에게 전하는 과정을 통해 스스로 새롭게 이해한 내용을 다시 기억 속에 저장하고, 나중에 그 새로운 기억을 다시 상기해 활용한다. 이 모든 과정이 하나의 연속된 동작인 셈이다. 즉, 정보의 '활용'은 단순히 '활용'만으로 그치는 것이 아니라, 그 과정에서 일어나는 모든 활동마저도 정보가 되어 내 머릿속에 다시 인식된다. 이것이 바로 기억의 4단계인 '재고정화' 단계다.

기억의 메커니즘이 3단계가 아니라 4단계로 이루어졌다는 사실을 발견한 사람은 캐나다 맥길 대학의 카림 네이더Karim Nader 박사다. 그는 인간의 뇌가 동일한 내용을 반복적으로 공부할 때 이전에 공부한 내용이 그대로 기억되는 것이 아니라, 복습할 때마다 조금씩 다르게 재기억된다는 사실을 밝혀냈다. 즉, 두 번 세 번 복습할 때 이전에 기억한 내용이 그대로 기억되는 것이 아니라 복습할 때마다 조금씩 다르게 기억된다는 말이다. 그리고 이는 복습한 횟수가 아무리 많더라도 그 과정이 정교하지 않으면 기억들이 뒤엉키고 왜곡될 수 있음을 뜻한다. 네이더 박사의 발견은 무언가를 외울 때 몇 번 외웠는지, 반복의 횟수가 중요한 게 아니라 한 번을 암기해도 제대로 완벽하게 저장해야 함을 알려준다. 아무리 많은 시간을 투자해 여러 번 암기해도 정확하게 외우지 않으면 오히려 부정확한 정보만 뇌에 저장될 것이다. 그래서 어설픈 반복 공부법은 올바른 기억을 상기시키는 데에 도리어 장애가 된다.

세 번째 근거는 신경 생물학 분야의 최고 입문서이자 정서의 핵심 메커니즘을 생생하게 설명한 책 『느끼는 뇌』에서 찾을 수 있다. 이 책의 저자이자 뉴욕 대학 신경 과학 센터의 석좌 교수 조지프 르두Joseph LeDoux는 뇌의 '장기 증강' 또는 '장기 강화' 작용 등으로 불리는 'LTPLong-term Potentiation'를 소개하면서 반복 공부법의 폐해를 주장했다. LTP란 뇌에 높은 진동수의 자극을 단기간에 연속적으로 주면 시냅스 강도가 변하는 현상을 뜻한다. 간단히 말해 LTP가 활성화된 뇌는 평소보다 훨씬 더 강력한 성능을 발휘한다. 그리고 당연히 공부는 LTP와 직접적으로 관련이 있다. 비슷한 강도의 자극으로 비슷한 지식을 반복해 주입하면 LTP가 활성화되지 못해 공부의 효율이 떨어지고 만다.

이 LTP 효과를 공부에 가장 잘 활용하는 나라가 바로 핀란드다.

핀란드에서는 학생이 공부한 내용을 남에게 가르쳐주고 발표해보는 학습을 하는데, 이는 혼자서 같은 내용을 여러 번 반복할 때보다 뇌를 훨씬 더 강하게 자극해 기억을 오래 유지시켜준다.

누군가를 가르치기 위해서는 최소한 입으로 직접 말을 해야 하고, 필요에 따라 손짓도 취해야 하며, 중요한 부분은 두 번 세 번 강조하기도 한다. 이러한 '가르치는 행위'를 통해 뇌는 다양한 방법으로 정보를 상기하고, 이는 다시 새로운 자극이 되어 뇌의 학습 효과를 극대화시킨다. 그리고 이러한 '전수 학습법'에 대해 프랑스의 교육 철학자 조지프 주베르Joseph Joubert는 "누군가를 가르치는 것은 두 번 이상 배우는 것이다"라는 말을 남기기도 했다. 그냥 귀로 듣고 눈으로 봤을 때보다 배운 내용을 이야기할 때 두 배 더 이해력이 높아지고, 여기서 나아가 남에게 가르쳐줄 때 네 배 이상의 기억 효과가 발생한다는 연구 결과도 있다.

배운 내용을 반복해 공부하면 어느 정도 소기의 목적은 달성할 수 있을지도 모른다. 하지만 뇌의 관점으로 볼 때는 오히려 얻는 것보다 잃는 것이 더 많다. 무엇보다도 공부에 대한 근본적인 기쁨마저도 상실할 수 있다.

그렇다면 뇌가 정말로 좋아하는 학습법은 무엇일까? 뇌의 구조

와 메커니즘을 잘 이해하고 다룰 줄 안다면 우리의 뇌는 쉽사리 지
치거나 무뎌지지 않을 것이다.

자극과 보상으로
뇌의 능력치를 끌어올려라

공부는 배운 것이 잊혀졌을 때
살아남는 것이다.

• 존 스키너

강원도 동해에서 갓 잡은 물고기를 서울까지 트럭으로 실어 올 때 한 트럭에는 같은 종류의 물고기로만 채우고, 다른 트럭에는 여러 물고기를 섞어서 천적도 함께 넣었다. 이때 서울까지 와서 물고기의 상태를 살펴보니 결과는 극과 극이었다. 천적 없이 편하게 실려 온 물고기들은 거의 대부분 죽어 있었다. 반면 천적과 함께 실려 온 물고기들은 오히려 팔팔하게 살아 있었다.

이는 뇌의 신비와 매우 유사하다. 매너리즘에 빠지면 우리의 뇌는 의욕을 상실하고 기능이 퇴화된다. 반면 즐겁고 신나는 일, 도전적인 일을 찾아서 하다 보면 뇌의 기능이 활성화된다. 뇌가 기뻐하는 공부법도 이와 같다. 이 원리대로라면 기계적으로 알고 있는 내용을 반복하고 또 반복하는 공부법을 뇌가 가장 싫어할 수밖에 없는 것이다.

뇌가 도전과 자극을 좋아하는 이유는 무엇일까? 간단히 말해서 자극이 없으면 뇌에서 '도파민'이 분비되지 않기 때문이다. 너무 쉽거나 시시한 과제가 주어지면 뇌는 지루함을 느낀다. 반대로 감당하기 힘들거나 지나치게 어려운 문제를 맞닥뜨려도 뇌는 쉽게 포기해버리고 만다. 즉, 지금 내 수준보다 약간 높거나 마음먹고 도전해볼 만한 수준의 과제가 주어지면 그것을 해결하는 동안 뇌가 흥분을 느끼고 기능이 활성화된다.

러너스 하이의 경우도 육체적인 고통과 스피드 사이에서 적절한 도전을 부여받았기 때문에 황홀감과 만족감을 느낄 수 있는 것이다. 자신과의 싸움에서 이겨냈을 때 큰 기쁨이 찾아오는 것도 이와 같은 원리다. 대표적인 뇌 기반 학습법 책인 모기 겐이치로茂木健一郎의 『뇌가 기뻐하는 공부법』과 요시다 다카요시吉田 たかよし의 『누구나 천재가 될 수 있다 뇌 자극 공부법 합격바이블』은 공통적으로 "기쁘고 즐거운 마음이 기억력과 사고력을 향상시키며, 뇌가 적절히 기뻐하고 자극을 받으면 공부가 잘된다"라고 이야기한다. 이때

좋은 자극과 나쁜 자극이 있는데, 기쁘고 즐거운 마음 자체가 또 하나의 좋은 자극으로서 역할을 하기 때문에 공부가 잘될 수밖에 없는 것이다.

뇌는 도전하는 것도 좋아하지만 도전을 받는 것도 좋아한다. 일부러 제한적인 상황을 만들어 스스로에게 심리적 압박을 부여하거나, 공부를 완료하는 데 필요한 시간을 다소 빠듯하게 잡아보면 오히려 집중력이 더욱 향상되고 기억도 더 잘될 것이다.

게임이 왜 공부보다 재미있을까? 여러 이유가 있겠지만, 가장 결정적인 이유는 자신의 레벨에 맞는 단계를 선택할 수 있고, 점차 레벨을 높이며 진행할 수 있기 때문이다. 게임의 레벨이 너무 낮거나 한참 높다면 아무리 게임을 좋아하는 사람이라도 30분도 채 못 하고 그만두게 될 것이다.

공부도 레벨에 맞는 단계를 설정하고, 점차 그 단계를 높여나갈 때 재미를 느낄 수 있다. 자신의 수준을 잘 아는 우등생은 공부를 못하는 열등생보다 스트레스를 덜 받는다. 공부를 잘하는 사람일수록 자신의 수준 역시 잘 알기 때문에 학습 난이도를 주도적으로 조절해가며 공부를 즐길 수 있지만, 공부를 못하는 사람은 자신의 수준이 어느 정도인지조차 파악하지 못하기 때문에 뇌가 괴로워하는 공부를 할 수밖에 없다.

　적절한 자극과 도전을 경험했다면 그다음에는 반드시 적절한 보상이 가해져야 한다. 도파민 신경은 어떤 행동의 결과로 인한 보상이 기대보다 클 때 흥분을 느끼고, 이 흥분의 정도가 클수록 시냅스의 연결이 촉진된다. 이를 '보상 회로'라고 한다. 도전을 즐기고 그에 따른 적절한 보상이 지급될 때 이 보상 회로는 점차 강화되는 것이다.

　이를 과학적으로 입증한 실험이 있다. 미국 미시건 대학의 데이비드 스콧David Scott 박사는 '플라시보 효과'를 이용해 뇌의 보상 회로를 자극함으로써 도파민 분비를 이끌어내는 실험을 진행했고, 그 결과를 2007년 7월 《뉴런Neuron》이라는 잡지에 발표했다. 그는 피험자들에게 가짜 약을 주고는 진짜 약효가 있다고 속였는데, 놀랍게도 약을 먹은 사람들은 약의 효능이 없었음에도 도파민 신경 세포가 활성화되었고 실제로 약효 역시 서서히 나타났다.

　공부도 마찬가지다. 이러한 보상 효과를 이용해 스스로에게 보상을 약속하고 공부도 즐겁고 재미있게 한다면 그 효과는 배가된다. 그때그때 공부한 것에 대해 심리적인 보상, 물질적인 보상, 육체적인 보상을 지급하는 것이다. 가령 30분 공부한 뒤 5분간 평소

꼭 듣고 싶었던 노래를 감상하거나 잠시 눈을 감고 휴식을 취하는 식으로 말이다.

뇌가 좋아하는 일을 반복할수록 뇌의 기능은 점점 깨어난다. 그렇기 때문에 자신이 좋아하는 일을 직업으로 삼은 사람들은 일을 하면서 동시에 뇌도 성장시킬 수 있다. 단순히 무언가를 열심히 하는 사람은 즐기면서 일하는 사람을 당하지 못한다. 공부든 일이든 어느 정도까지는 억지로 할 수 있어도, 재미를 느끼지 못한다면 결코 그 이상의 단계까지는 나아갈 수 없다.

더불어 뇌에 지속적으로 자극을 주다 보면 '축삭돌기' 끝에 나와 있는 가지들이 더 많아지고 길이도 길어진다. 축삭돌기란 뉴런을 구성하는 한 부분으로, 다른 뉴런과 신호를 주고받는 기능을 수행한다. 이처럼 정보를 매개하는 돌기들이 점차 많아지고 길어지면 머리는 훨씬 더 빠른 속도로 정보를 처리하게 된다. 좀 더 쉽게 비유하자면 서로 떨어진 두 땅에 긴 다리를 여러 개 놓아 교통을 촉진시킬 수 있다는 뜻이다.

그래서일까? 뇌를 지속적으로 자극해온 사람들은 더 적은 에너지로도 더 많은 공부를 해낼 수 있다. 신경 심리학자들이 일반인을 대상으로 간단한 테스트를 내주고 뇌가 어떻게 활동하는지를 추적해보았는데, 검사 결과 성적이 우수한 사람들은 그렇지 못한 사람들에 비해 적은 양의 연료(뇌 혈류와 산소)로 테스트를 마친 것으로 나타났다. 이러한 차이는 뇌를 평상시 얼마나 자주, 효율적으로 사용했는가에 따른 결과다. 공부를 못하거나 제대로 된 공부법을 찾지 못한 사람들은 짧은 시간 공부를 해도 머리가 터질 것 같다며 괴로워하는데, 사실 이는 엄살이 아니라 정말로 머리가 터질 만큼 과부하에 걸린 것이다. 비효율적인 방법으로 뇌의 에너지를 소모하기 때문에 공부가 힘든 것이다.

우리가 뇌를 사용하면 뇌에 흐르는 혈액량이 증가한다. 지금 한번 어린 시절 친구 열 명의 이름을 떠올려보라. 그때부터 우리의 기억을 주관하는 뇌는 산소와 혈액과 포도당을 평소보다 훨씬 더 많이 소모하게 될 것이다. 더불어 맥박수도 증가할 것이다. 이때 공부를 꾸준히 해왔거나 자신만의 공부 요령을 터득한 사람들은 에너지 소모율의 큰 변화 없이 임무를 완수할 수 있지만, 공부를 멀리해온 사람들은 아주 많은 에너지를 소모한 후에야 겨우 임무를 완수할 수 있을 것이다. 결국 효율적인 공부법을 모르는 사람에게는 공부가 세상에서 제일 힘들고 어려운 활동인 셈이다.

다시 말하지만 우리의 뇌는 쓰면 쓸수록 진화한다. 공부를 처음 시작할 때는 속도도 나지 않고 돌아서면 봤던 내용을 잊어버리기 일쑤지만, 하면 할수록 속도가 붙고 기억력도 강화된다. 그러니 머리가 나빠서 공부를 못한다는 말은 있을 수 없다.

우리가 매번 공부에 실패하는 이유는 뇌를 기쁘게 만드는 공부법을 모르기 때문이다. 뇌의 특성과 메커니즘을 무시한 채 억지로 공부하려고 하니 뇌가 공부를 거부하는 것이다. 그러면 그럴수록 머리가 더욱 나빠지는 악순환이 반복될 수밖에 없다.

몸과 마음, 그리고 뇌는 서로 밀접하게 이어져 있다. 몸과 마음의 건강 상태가 뇌의 건강에까지 영향을 미치고, 공부의 효율까지도 좌우하는 것이다. 그래서 몸을 움직이며 근육을 사용하고, 늘 긍정적으로 생각하는 마음가짐을 가지면 뇌의 기능이 발달되어 공부를 더욱 효과적으로 할 수 있게 된다.

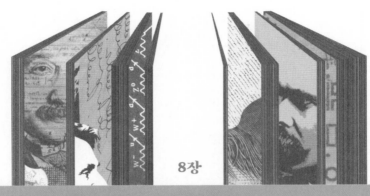

8장

뇌의 기능을 극대화하는 4가지 방법

긍정적인 생각이 기억력을 향상시킨다

할 수 있다는 믿음을 가지면
결국에는 할 수 있게 된다.

• 마하트마 간디

사람들은 흔히 뇌를 생각할 때 '논리'나 '이성'과 같은 단어를 가장 먼저 떠올린다. 뇌야말로 인간의 신체 중에서 가장 논리적이고 이성적인 기관일 것이라는 믿음 때문이다. 그러나 예상과 달리 뇌에 영향을 미치는 다양한 요소 중 가장 중요한 것은 정서, 즉 '기분'이다. 최근 뇌과학자들이 새롭게 밝혀낸 사실은 뇌가 발달할수록 기분이 우리의 사고를 더욱 강력하게 지배한다는 것이다. 이 말을 공부와 연결하여 설명하면, 기분이 좋을 때 공부도 잘되고 학습효과도 높아진다는 것이다.

우리의 뇌는 각자가 수행하는 기능에 따라 인지적 뇌, 정서적 뇌,

사고적 뇌, 동기적 뇌, 사회적 뇌, 신체적 뇌, 관계적 뇌 등으로 나뉜다. 이들은 서로 끊임없이 소통하고 교류하면서 상호작용하는데 특히 '정서적 뇌'가 공부에 가장 큰 영향을 미친다. 만약 불행한 일을 겪거나 불쾌한 상황에 처하면 인간의 뇌를 지배하는 '정서적 뇌'가 활동을 거부한다. 정서적으로 불안하거나 스트레스를 받으면 울적해진 '정서적 뇌'가 근처에 있는 '인지적 뇌', '사고적 뇌'에 직접적인 영향을 미쳐 공부를 회피하게끔 만든다. 이는 정서를 담당하는 뇌 부위와 기억을 담당하는 뇌 부위가 위치적으로 매우 가까이 존재하기 때문이다.

기억을 주관하는 뇌의 부위는 '해마'다. 그리고 바로 그 옆에 '편도체'라고 불리는 신경 집합체가 있다. 이 편도체가 인간의 온갖 정서를 관장하고 있다. 긍정적인 생각은 뇌의 정서를 담당하는 편도체에 좋은 자극을 주고, 활성화된 편도체는 바로 옆에 있는 해마를 자극해 기억 효과를 촉진시킨다. 이처럼 '정서적 뇌'가 '사고적 뇌'에 영향을 미치는 현상을 뇌과학 및 심리학에서는 '하향이동 Downshifting'이라고 부른다.

더불어 우리 뇌의 중추 신경에는 일명 '쾌감 신경'이라고 불리는 'A10' 신경이 붙어 있다. 이 신경은 우리가 새롭고 이색적인 일을

할 때 활성화되는데, 쾌감 신경이 더 많이 촉진되고 활발히 기능할
수록 뇌가 자극을 받아 기억력이 향상된다.

이처럼 뇌는 긍정적이고 즐거운 생각을 좋아한다. 공부가 재미
있고, 내가 쏟아부은 노력이 언젠가는 반드시 나를 성장시킬 것이
라고 믿는 것만으로도 엄청난 효과를 얻을 수 있다.

'이번에는 성적이 잘 나올 것 같은데?'
'왠지 느낌이 좋아. 잘될 것 같아!'

이런 긍정적인 주문만으로도 뇌는 스스로 자신의 기능을 활성화
시키며, 공부를 지속할 수 있도록 애쓴다.

아인슈타인은 "우리가 생각하는 대로 몸이 영향을 받는다"라고
말했다. 긍정의 힘을 설파한 심리학자 로버트 슐러Robert Schuller는
"우리가 생각하는 것이 바로 우리다"라고 단도직입적으로 말하기
도 했다. 삶을 바꾸는 것은 거창한 계획이나 목표가 아니다. 공부도
마찬가지다. 공부 효과를 높이기 위해 나에게 맞는 다양한 공부법
을 조사하고 적용하는 것도 중요하지만, 공부 자체에 대해 얼마만

큼의 확신을 가지고 긍정적으로 임하느냐가 성패에 더욱 큰 영향을 미친다.

인간의 위대함은 생각하는 힘에 있다.

프랑스의 천재 수학자 블레즈 파스칼Blaise Pascal의 말처럼, 인간은 생각만으로 위대함에 도달할 수 있는 존재로 만들어졌다. 그렇다면 감사하는 마음으로 공부하는 사람과 늘 불평불만으로 가득 찬 채 공부하는 사람 중 과연 누구의 공부 효율이 더 높을까? 미국의 정신과 전문의이자 임상 신경 과학자 대니얼 에이멘Daniel Amen은 자신의 책 『뇌는 답을 알고 있다』에서 "좋은 기분을 느낄 때 뇌의 혈류가 원활하게 흐르고 '대상회Cingulate gyrus'가 자극을 받는다"라고 말했다. 여기서 대상회란 뇌의 판단 능력과 목적 기능을 담당하는 동시에 감정의 처리와 형성에도 관여하는 허리띠 모양의 뇌 부위다. 에이멘 박사는 긍정적인 정서가 우리 뇌에 좋은 영향을 미칠 때 몸에 의욕이 돌고 활기가 차오른다고 이야기했다. 일상 속에서 늘 감사함을 느끼는 마음가짐이야말로 뇌를 건강하게 유지하는 비법인 것이다.

그럼에도 불구하고 도저히 집중이 안 될 때는 어떻게 해야 할까? 공부의 동기를 부여하는 좋은 방법이 있다. "딱 5분만 공부해보자"라는 마음가짐이다. 일단 5분만 공부하고 그다음에는 하고 싶은 것을 마음껏 하겠다고 생각하는 것이다. 그리고 정말 5분 동안은 한자리에 앉아서 집중해서 공부를 한다. 5분 정도 공부하는 것에 대해서는 뇌가 큰 거부 반응을 보이지 않을 것이다. 그렇게 공부를 시작하면 마음이 점점 바뀐다. 어느새 공부를 계속해서 하고 싶은 자신을 발견하게 될 것이다. 결국 5분은 1시간이 되고 2시간이 될 것이다.

공부할 마음이 없다가도 실제 몸으로 막상 시작해보면 의욕이 샘솟을 때가 있다. 몸과 마음과 뇌가 하나같이 밀접한 관련이 있기 때문이다. 그래서 기분이 나쁠 때 일부러 웃는 표정을 지으면 근육의 움직임을 읽은 뇌가 다시 명령을 내려 울적한 정서를 안정시키기도 한다. 자, 일단 5분만 공부해보라. 그러면 마음도 움직일 것이다.

손은 밖으로 나와 있는 뇌다

아인슈타인은 이렇게 말했다. "몸과 마음은 별개의 것이 아니다. 다만 같은 것을 다르게 인식할 뿐이다." 마음이 심란할 때 뇌의 학습 능력 역시 덩달아 감소한다는 것을 자세히 살펴봤다. 하지만 마음의 상태만 뇌에 영향을 미치는 것은 아니다. 우리의 몸도 뇌와 긴밀히 연결되어 있다.

몸에 병이 나면 뇌는 일단 활동을 거부한다. 정신력도 약해지고 마음도 가라앉는다. 아무리 열심히 영어를 공부해도 원하는 점수가 나오지 않았던 적이 있었다. 매일 귀에서 이어폰을 빼지 않았고, 걸을 때도 밥 먹을 때도 잠깐 쉴 때도 계속해서 듣고 쓰고 풀었다.

그런데 오히려 성적이 떨어졌다. 오랫동안 공부했는데도 점수가 잘 오르지 않았다. 그러다가 지금까지 해오던 공부 방법을 싹 버리고 다시 시작했다. 한 달 만에 성적이 껑충 뛰었다.

바로 온몸을 사용해 공부한 덕분이었다. 듣기 파트에서 틀린 문제를 반드시 손으로 노트에 직접 적었다. 손으로 쓰면서 뇌가 기억하게 했다. 출퇴근할 때는 오답노트를 들고 다니면서 소리 내어 읽었다. 이어폰을 무작정 귀에 꽂고 다니던 방법을 버리고, 이제는 노트에 직접 적은 틀린 문제를 입으로 크게 읽기 시작한 것이다. 그저 행동에 옮기면서 공부했다. 그런 방법으로 딱 한 달을 했다.

이처럼 자신이 습득한 지식을 사람들 앞에서 쓰고 말하면서 손짓으로 설명해보는 과정이 훌륭한 공부가 될 수 있다. 공부가 잘 안 될 때는 자리에서 일어나 가볍게 스트레칭을 해주거나, 운동장이나 골목길을 걸으면서 공부한 내용을 떠올려보는 것도 효과가 있다. 손으로 쓰면서, 발로 걸으면서, 입으로 말하면서, 귀로 들으면서 공부하면 더 잘 외워진다.

이때 중요한 것은 강제로 외우려고 하지 않아야 한다. 앞에서도 자세히 설명했지만, 암기는 장기적인 기억 효과가 없다. 아기들이 말하기 시작할 때는 온몸으로 듣고, 말하고, 따라 하고, 걸어 다니고, 만지면서 언어를 배운다. 발로 걸으면서, 손으로 직접 쓰면서,

입으로 크게 말하면서, 눈으로 보면서, 귀로 들으면서 절로 익히는 것이다.

치매 증상이 있는 환자에게 반드시 권하는 습관 중에 하나가 손가락 끝을 섬세하게 놀리도록 하는 것이다. 뇌를 자극할 수 있는 좋은 방법이기 때문이다. 시험 도중에 외운 내용이 잘 기억나지 않아 시험지 여백 같은 곳에 아무 글이나 갈겨쓰다 보면 갑자기 무언가가 툭 하고 기억날 때가 있다. 이런 무의식적인 행동들도 뇌를 원활히 움직이도록 자극하는 동기가 된다. 손을 쓴다는 것은 그만큼 효과가 크다. 공부는 머리만으로 하는 게 아니다. 온몸으로 하되 그중에서도 가장 중요한 부분은 손인 것이다.

손은 밖으로 나와 있는 뇌다.

『파우스트』와 『젊은 베르테르의 슬픔』 등 위대한 고전을 쓴 독일 작가 요한 볼프강 괴테Johann Wolfgang Goethe가 한 말이다. 이 정도로 손은 뇌와 밀접한 관계를 맺고 있다. 손을 이용해 악기를 연주하거나 그림을 그리거나 글을 쓰면서 머리가 안정을 느끼고 기분이 좋아지는 경험을 누구나 한번쯤 해봤을 것이다.

쓰기의 방식이 뇌의 능력에 결정적인 영향을 미친 사례가 또 있다. 한국과 일본의 학력 차이는 그다지 크지 않다. 같은 문화권에 속해 있기 때문인지 교육, 문화, 풍토 등에서도 큰 차이가 없어 보인다. 그런데 일본은 수많은 노벨상 수상자를 배출했지만, 한국은 노벨 평화상을 제외하고는 노벨상을 한 번도 받아보지 못했다. 왜 그럴까?

많은 사람이 한국의 주입식 교육 방식과 과학계에 대한 국가의 부족한 재정 지원 때문이라고 이유를 댄다. 물론 틀린 말은 아니다. 하지만 일본도 사정은 비슷하다. 2002년 노벨상 수상자인 다나카 고이치田中耕一는 지방의 대학에서 전기공학을 전공한 중소기업 엔지니어 출신으로, 정부나 대기업의 어떠한 지원도 없이 홀로 공부하다가 이례적으로 노벨 화학상을 받았다. 환경을 탓하는 것은 너무나도 진부한 대답이다.

그렇다면 한국과 일본의 차이는 과연 무엇일까? 뇌과학적인 측면에서는 '무언가를 손으로 쓰는 방식'에 해답이 있다고 말한다.

세계에 존재하는 모든 문서는 문자를 써나가는 방향에 따라 크게 '가로쓰기(횡서)'와 '세로쓰기(종서)'로 분류할 수 있다. 일반적으로 세로쓰기는 오른쪽에서 왼쪽으로 손을 움직이며 글을 쓰게 되고, 가로쓰기는 그 반대로 손을 움직이며 글을 쓰게 된다. 평소 필기를 하거나 편지를 쓸 때 손이 어떤 방향으로 움직이는지 떠올려보면 가로쓰기의 원리를 쉽게 이해할 수 있을 것이다. 한국과 일본을 비롯한 한자 문화를 공유하는 동아시아권 국가에서는 모두 전통 시대부터 세로쓰기를 사용해왔다. 그러던 것이 근대화를 거치며 세로쓰기가 점차 사라지고 가로쓰기로 만든 문서나 책이 주류를 점하게 되었다. 우리나라도 마찬가지였다. 20세기 후반 주요 일간지들이 가로쓰기를 도입하며 세로쓰기는 자취를 감췄다. 일본의 출판계에도 메이지 시대 이후 '가로쓰기'가 일부 도입되었지만, 널리 사용되지 못하고 여전히 '세로쓰기'로 만들어진 책이 다수를 차지하고 있다.

일반적으로 뇌는 손이 움직이는 방향에 따라 좌뇌와 우뇌에 서로 다른 자극을 준다. 즉, 왼쪽에서 오른쪽으로 글을 쓰게 되면 좌뇌가 발달하고, 반대로 오른쪽에서 왼쪽으로 글을 쓰게 되면 우뇌가 발달한다. 좌뇌와 우뇌는 구조적으로 명확히 분리되어 독립적으로 존재하지는 않지만, 서로 다른 고유한 기능을 담당한다. 기본적으로 우뇌는 시각, 미각, 청각, 후각 등 각종 감각 기관을 관장하고 감정이나 상상력 등의 영역을 담당한다. 좌뇌는 논리력과 계산력 등 주로 이성적인 판단과 사고 역할을 수행한다. 따라서 우뇌가 발달하면 뛰어난 창의력을 발휘하는 분야에 강해지고, 좌뇌가 발달하면 정교함을 요하는 분야에 강해진다.

글을 쓰는 방식만으로도 뇌의 발달에 큰 차이를 초래할 수 있다는 뜻이다. 뇌과학자들은 바로 이 차이, 즉 한국의 가로쓰기와 일본의 세로쓰기에서 두 나라의 노벨상 성적이 큰 차이가 나는 이유를 찾는다. 즉, 좌뇌가 발달한 한국인보다 우뇌가 발달한 일본인이 좀 더 창의적이고 생산적인 사고를 수행한다는 것이다.

인류는 점차 세로쓰기에서 가로쓰기로 글 쓰는 방식을 발전시켜왔다. 오른손잡이가 많아서인지 대부분의 책들은 왼쪽에서 오른쪽으로 쓰여 있고, 제본 방식 역시 가로쓰기에 적합한 형태로 이루어지고 있다. 만약 오른손잡이가 오른쪽에서 왼쪽으로 글자를 쓰면 그 손 때문에 글자가 잘 안 보여 제대로 글쓰기를 할 수 없을 것이다. 또 덜 마른 잉크가 손에 묻을 위험도 있다. 이런 여러 복합적인 이유 때문에 인류는 왼쪽에서 오른쪽으로 쓰고 읽는 방식을 택했다. 그럼에도 불구하고 일본인들은 전통적인 세로쓰기를 고수하면서도 페이지를 오른쪽에서 왼쪽으로 넘기는 방식으로 책을 읽고 있다. 어쩌면 이러한 작은 차이가 두 나라 사이의 넘을 수 없는 벽을 만든 것일지도 모른다. 이처럼 무언가를 손으로 쓰고 눈으로 읽는 방식만으로도 뇌에 엄청나게 큰 영향을 미칠 수 있는 것이다.

재미있게도 이스라엘의 연구진은 '사람이 거짓말을 할 때 필적이 달라진다'는 사실을 발견했다. 사실 거짓말은 대단히 고차원적인 사고 활동이다. 누군가를 속인다는 것은 엄청나게 복잡하고 미묘한 일이기 때문이다. 우리가 거짓말을 할 때 뇌는 사실을 조작하고 창조하며 무던히 애쓴다. 이러한 뇌의 적극적인 움직임이 몸, 특히 손에 영향을 끼치지 않을 리 없다. 뇌의 부산스러운 활동은 평소 글자를 쓰던 습관마저 방해하고 간섭하기 때문이다. 따라서 누군가의 거짓말을 판독하기 위해서는 그 사람의 필적을 확인하는 것이 좋은 방법이 될 수 있다. 이 정도로 우리 몸과 뇌는 긴밀한 관계를 맺고 있다.

단순하게 문자를 읽는 것에만 얽매여 공부하면 안 된다. 특히 무언가를 손으로 직접 쓰는 행위는 반드시 손가락과 손을 사용해야 하므로, 뇌가 골고루 발달될 수밖에 없다. 손을 어떻게 활용하느냐에 따라 우리는 일상에서 공부를 좀 더 효율적으로 수행할 수 있다.

몸을 움직이면 뇌도 젊어진다

몸을 한 번 움직이면
생각도 한 번 변한다.

• 아놀드 드레인

　미국 일리노이 대학의 아서 크레이머Arthur Kramer 박사는 10여 년간 고령자의 걷기 운동이 뇌에 미치는 영향을 연구했다. 그는 고령자를 두 개의 그룹으로 나누어 각각 걷기와 스트레칭을 매일 1시간씩 하도록 했다. 반년 후 두 그룹의 뇌를 살펴보니 걷기를 했던 고령자들은 전두엽의 활동이 크게 개선되었으나, 스트레칭을 했던 그룹에서는 크게 개선되지 않음이 확인되었다. 즉, 걷는 활동이 인간의 뇌, 특히 전두엽을 더 많이 활성화시키고 기능을 향상시킨다는 사실이 입증된 셈이다.

　전두엽은 뇌가 어떤 계획을 세우고 행동을 하는 데에 중요한 기능을 담당한다. 크레이머 박사는 단순히 걷기만 해도 인간의 행동 전환에 대처하는 뇌의 판단 시간이 짧아진다는 것을 발견했다.

　뉴욕 알버트 아인슈타인 대학의 로 홀처Roee Holtzer 교수 역시 이와 비슷한 연구를 진행했다. 그는 뇌의 활동 능력과 보행의 관계를 조사했는데, 보행 속도가 빠른 고령자일수록 기억력과 계산 능력을 포함한 인지력 테스트에서 높은 점수를 얻었다고 발표했다. 이러한 연구 결과를 토대로 홀처 교수 연구팀은 다음과 같은 결론을 이끌어냈다.

　　천천히 산책하는 것보다 좀 더 빨리 의식적으로 걷는 것이 상대적으로 더 많은 정보를 인식하게 해주고, 그에 따라 뇌의 처리 작용을 촉진시킨다. 따라서 빠른 걸음은 뇌를 더욱 활성화시키는 방편이며, 더불어 심신의 노화도 늦춰준다.

　이러한 연구 결과의 일환으로 미국 알츠하이머협회에서는 뇌를 지키는 열 가지 방법 중 하나로 '하루 30분 이상 걷기'를 권장하고 있다. 걷기가 뇌 기능에 도움을 준다는 것은 이제 반박할 여지가 없는 상식이다.

그렇다면 왜 걷기가 이토록 뇌에 효과적일까? 다리를 뻗어 걷기 위해 뇌는 하반신 근육에 수많은 운동 지령을 내린다. 하반신에는 우리 몸 전체 근육의 60퍼센트 이상이 집중되어 있으므로, 뇌는 그만큼 많은 양의 근육에게 명령을 해야 하고 그로 인해 뇌로 향하는 혈류량이 자연스럽게 증가할 수밖에 없다. 혈류량이 증가하면 혈액과 산소, 그리고 뇌의 에너지원인 포도당이 활발히 뇌로 운반된다. 그 결과 뇌 속의 신경 세포가 활성화되고, 자연히 학습 능력도 향상된다.

뇌는 산소가 부족하면 제대로 기능할 수 없도록 만들어졌다. 그래서 공부에도 제대로 된 호흡법이 중요하며, 적절한 운동도 필수적이다. 운동을 하면 뇌에 공급되는 산소량은 저절로 증가한다.

그러므로 제대로 된 공부를 하겠다고 마음먹었다면 절대 수동적으로 책상 앞에만 앉아 있어서는 안 된다. 추천하는 운동은 달리기나 걷기, 그리고 가벼운 체조다. 이와 같은 운동은 뇌과학적인 측면에서 봤을 때 학습 효과를 크게 향상시키고, 우리 몸의 생리학적 시스템으로 봤을 때도 이롭다.

운동을 할 때 뇌는 '신경 세포 영양 인자'라는 물질을 대량으로 분비한다. 이때 뇌에서는 기억력을 관장하는 해마의 '치상회'라는 신경 세포가 분화되는데, 세포의 수가 많아지면서 뇌 기능이 급격히 좋아진다. 사실 대부분의 유산소 운동이 이러한 효과가 있다고 입증되었다. 즉, 운동량이 늘어날수록 뇌 기능이 향상된다는 것이다.

그중에서도 달리기는 특별하다. 다시 크레이머 박사의 연구를 살펴보자. 그의 연구팀은 꾸준히 운동하는 학생들의 뇌와 운동을 전혀 하지 않는 학생들의 뇌를 비교해 촬영한 결과, 주기적으로 운동을 한 학생들의 뇌 인지 능력이 훨씬 더 뛰어나다는 사실을 밝혀냈다. 건강한 체력을 유지하는 학생들이 성적도 좋다는 것을 과학적으로 입증한 셈이다.

미국 일리노이주에 위치한 네이퍼빌 고등학교는 운동이 성적에 영향을 미친다는 사실을 실제로 증명해낸 사례로 손꼽힌다. 평범했던 이 학교가 주목을 받게 된 건 2005년부터 시작된 '0교시 체육 수업'의 성과 때문이었다. 운동을 잘 하지 않는 아이들을 돕기 위해 고민하던 체육 교사 한 명이 0교시에 아이들이 자신의 능력에 맞는 운동을 할 수 있도록 다양한 방법을 고안했고, 지속적으로 달리기와 같은 유산소 운동을 시켰다.

처음에는 비만 학생을 줄이고 건강을 개선시키고자 시작되었던 이 수업의 효과는 예상치 못한 곳에서 나타났다. 바로 아이들의 성적이 눈에 띠게 좋아진 것이었다. 실제로 이 학교 학생들의 성적은 공립학교 평균 수준이었는데, 0교시 운동을 시작한 뒤부터는 전 세계 학생들과 함께 치르는 팀스 시험에서 싱가포르를 제치고 1위를 차지했으며, 주 학력 평가에서도 사립학교들에 비해 월등한 성적을 거두었다. 이러한 효과가 나오자 미국의 뇌과학자 및 교육학자들은 앞다투어 이 학교의 프로그램을 다른 학교에 도입했는데, 그 결과는 모두 똑같았다.

걷기 역시 공부를 돕는 훌륭한 조력자 역할을 한다. 공부 효과를 증진하기 위해서는 뇌의 메인 스위치를 끄고 켜는 일이 원활해야 한다. 언제든 뇌가 눈을 뜨고 감을 수 있어야 한다는 뜻이다. 이를 관장하는 기관이 '뇌간망양체(그물체)'인데, 신체 근육의 긴장을 담당하고 호흡이나 혈압을 조절하기도 하며, 결정적으로는 의식이나 집중력을 유지하는 중요한 기능을 하는 부위다. 이 뇌간망양체를 깨우는 데 가장 효과적인 운동법이 바로 걷기다.

그리스의 철학자 아리스토텔레스는 이러한 걷기의 이점을 가장 잘 알고 있던 사람이었다. 그를 중심으로 모인 철학 사조를 '소요학파'라고 하는데, 여기서 소요의 뜻은 '자유롭게 이리저리 거닐며 돌아다니다'라는 뜻이다. 그는 주로 거리 이곳저곳을 돌아다니며 제자들을 가르쳤다고 전해진다.

현대 과학 역시 걷기와 창의성의 관계를 규명해냈다. 스탠퍼드 대학 연구진은 걷기가 창의성을 60퍼센트 증진시킨다는 연구 결과를 발표했다. 실리콘밸리는 걸어가면서 회의하는 '워킹 미팅 Walking Meeting'의 발상지이며, 스티브 잡스Steve Jobs나 마크 저커버그Mark Zuckerberg는 워킹 미팅 예찬론자다.

이것 말고도 걷기가 뇌에 좋은 영향을 미친다는 실제 사례는 무궁무진하다. 걷다가 중요한 수학 공식을 생각해낸 철학자도 있고, 우리 역시도 걷다가 좋은 아이디어를 떠올리기도 한다. 대개 사람들은 우연히 그런 생각이 떠올랐다고 치부해버리지만, 사실 뇌과학적으로 이는 절대 우연이 아니다. 뇌를 자극했기 때문에 좋은 생각이 떠오른 것이다.

뇌는 잠을 자는 시간에도
스스로 공부한다

우리는 꿈의 재료이며 우리의 짧은 인생은
잠으로 둘러싸여 있다.

• 윌리엄 셰익스피어

    수면의 종류에는 렘수면과 비非렘수면이 있는데 전체 수면 시간 중 렘수면은 20~25퍼센트의 시간을, 비렘수면은 그 나머지 시간을 차지한다. 수면에 관한 여러 가지 이론과 학설이 존재하지만, 렘수면의 기능에 대해서는 대부분의 학자들이 대체로 일치하는 견해를 보인다.

    렘수면 동안 우리의 뇌는 알파파(1초에 8~13펄스의 빈도로 뇌 겉질의 뒤통수 부위에서 나오는 전류)를 만들고 정보 처리 작업을 수행한다. 즉, 하루 동안 흡수한 모든 정보와 눈으로 보고 느끼고 생각한 것, 공부하고 일하고 경험한 모든 것을 렘수면 시간 동안 중요한 것과 중요하지 않은 것, 즉 장기적으로 기억할 것과 망각할 것을 분류한 다음 정리 정돈하는 작업을 활발히 수행한다는 것이다. 그래서 꿈의 80퍼센트는 렘수면에서 나타나기도 한다. 바로 이 렘수면 속에 공부의 효율을 극대화시키는 잠의 비밀이 숨어 있다.

우리는 잠을 자는 동안 깊은 숙면의 단계와 얕은 수면의 단계를 왔다 갔다 하는데, 정상적인 경우에는 4~6회 정도 이 사이클을 반복한다. 앞서 말한 렘수면은 깨어 있는 것에 가까운 얕은 수면을 의미한다. 렘수면 중에는 뇌가 활발하게 꿈을 꾸는데, 이때 잠을 방해받으면 불안, 무력감, 우울, 두통 등 신경 질환에 걸릴 수 있는 것으로 알려져 있다. 반대로 잠을 충분히 잘 자면 특정한 사실 혹은 경험한 사건을 잘 기억해내거나, 단기 기억을 장기 기억으로 전환시키는 등의 기억력이 더욱 향상된다고 한다.

렘수면 상태에서는 눈동자가 좌우로 빠르게 움직이고, 동시에 뇌 역시 많은 기능을 수행한다. 우리가 잠을 자는 동안 뇌 속 해마는 중요한 기억들을 재현하고, 그것을 대뇌피질로 옮겨 다시금 각인한다. 잠을 푹 잔 다음 날에는 뭐든 생생하게 기억나는데, 잠자는 동안 뇌가 정보를 더 확실히 장기 기억의 형태로 전환했기 때문이다. 게다가 기억의 종류와 특성에 따라 서로 관련이 있는 것들을 한군데에 모아두기도 한다. 마치 컴퓨터 바탕화면에 여러 폴더를 만들어 신속하게 파일을 찾을 수 있도록 분류하는 것처럼 말이다.

우리는 잠이 들기 직전까지 수많은 정보를 머릿속에서 뒤죽박죽 쌓아놓고 하루를 보낸다. 이렇게 정리되지 않은 복잡한 정보들이 뇌 안에서 방치된다면, 서로 간섭하면서 기억을 왜곡시킬 것이다. 뇌는 매일 밤 수면을 통해 차근차근 정보를 분석하고 제자리에 갖다놓는다.

따라서 수면은 자는 동안 일어나는 '뇌의 독자적인 공부 활동'이라고 할 수 있다. 공부를 할 때 잠을 잘 자는 것은 우리가 생각하는 것 이상으로 매우 중요하다. 무턱대고 자는 시간을 축소하면 학습의 가장 중요한 시간을 잃게 되는 것과 마찬가지다. 오랜 시간 지치지 않고 공부해오며 자신만의 학습 방법을 터득한 사람들은 늘 "잠을 충분히 잤다"라고 말한다. 이는 뇌과학적인 측면에서 충분히 이치에 맞는 말이다.

하버드 대학의 로버트 스틱골드Robert Stickgold 박사는 실험을 통해 '기억력을 향상시키기 위해서는 최소한 6시간 이상의 수면이 필요하다'는 사실을 밝혀냈다. 그러니 가장 많이 공부하고 머리를 써야 하는 학생들은 반드시 6시간 이상 숙면을 취해야 한다. 좀 더 공부 효과를 높이기 위한 가장 효과적인 수면 시간은 7시간 30분 정도로 알려져 있다.

수면을 충분히 취했을 때 전날에는 기억해내지 못했던 것들이 거짓말처럼 머릿속에 선명하게 떠오른 경험을 누구나 해봤을 것이다. 이와 관련해 미국 미시건 대학의 인지신경학자 킴벌리 펜 Kimberly Fenn 박사는 재미있는 실험을 진행했다. 아침에 공부를 하고 그날 밤에 시험을 본 경우 정답률이 30퍼센트까지 떨어졌는데, 이튿날 충분히 수면을 취한 사람은 다시 시험을 봤을 때 정답률이 60퍼센트까지 회복되었다는 것이다.

그렇다면 낮잠은 공부에 어떤 영향을 미칠까? 사람들은 대부분 잠이 부족해서 낮잠을 잔다고 생각하지만, 그보다 더 중요한 이유가 따로 있다. 낮잠 또한 뇌의 기능을 극대화시킨다.

미국항공우주국이 우주비행사들을 대상으로 실시한 대규모 연구 결과, 20분 정도 낮잠을 자면 비행사의 업무 집중력과 수행 능력 등이 향상된다고 밝혔다. 그리고 매일 40분 정도 규칙적으로 낮잠을 자면 인지 능력, 즉 학습 능력이 34퍼센트 정도나 오른다고 한다. 더구나 그 효과는 6시간 이상 유지된다. 또 만약 밤을 새워 공부를 해야 할 때 30분 정도 낮잠을 자두면 밤을 새면서도 업무 능력이 극도로 떨어지는 것을 예방할 수 있다.

　이처럼 두뇌의 구조와 기능, 원리와 특성을 잘 이해할수록 더 효과적이고 효율적인 학습이 가능하기 때문에 공부하는 사람이라면 반드시 뇌와 심리, 그리고 신체의 메커니즘을 잘 이해해야 한다.

공부에 미친 사람들 급이 다른 공부의 길

초판 1쇄 발행 2019년 1월 14일
초판 7쇄 발행 2020년 7월 3일

지은이 김병완
펴낸이 김선식

경영총괄 김은영
책임편집 성기병 **크로스교정** 조세현 **책임마케터** 권장규
콘텐츠개발1팀장 임보윤 **콘텐츠개발1팀** 윤유정, 한다혜, 성기병, 문주연
마케팅본부장 이주화
채널마케팅팀 최혜령, 권장규, 이고은, 박태준, 박지수, 기명리
미디어홍보팀 정명찬, 최두영, 허지호, 김은지, 박재연, 배시영
저작권팀 한승빈, 이시은
경영관리본부 허대우, 하미선, 박상민, 김형준, 윤이경, 권송이, 김재경, 최완규, 이우철

펴낸곳 다산북스 **출판등록** 2005년 12월 23일 제313-2005-00277호
주소 경기도 파주시 회동길 357 3층
전화 02-702-1724 **팩스** 02-703-2219 **이메일** dasanbooks@dasanbooks.com
홈페이지 www.dasanbooks.com **블로그** blog.naver.com/dasan_books
종이 ㈜한솔피앤에스 **출력·인쇄** ㈜갑우문화사

© 2019, 김병완

ISBN 979-11-306-2026-8 (03190)

· 책값은 표지 뒤쪽에 있습니다.
· 파본은 본사와 구입하신 서점에서 교환해드립니다.
· 이 책은 저작권법에 의하여 보호를 받는 저작물이므로 무단 전재와 복제를 금합니다. (CIP제어번호 : CIP2018042425)

다산북스(DASANBOOKS)는 독자 여러분의 책에 관한 아이디어와 원고 투고를 기쁜 마음으로 기다리고 있습니다.
책 출간을 원하는 아이디어가 있으신 분은 다산북스 홈페이지 '투고원고'란으로 간단한 개요와 취지, 연락처 등을
보내주세요. 머뭇거리지 말고 문을 두드리세요.